荆楚文庫

〔乾隆〕英山縣志

〔清〕張海修
〔清〕姚之琅纂

荆楚文庫編纂出版委員會
武漢大學出版社

荊楚文庫

〔乾隆〕英山縣志

QIANLONG YINGSHAN XIANZHI

圖書在版編目(CIP)數據

〔乾隆〕英山縣志/〔清〕張海修;〔清〕姚之琅纂.

—武漢:武漢大學出版社,2022.4

ISBN 978-7-307-22683-8

Ⅰ.乾…

Ⅱ.①張…　②姚…

Ⅲ.英山縣—地方志—清代

Ⅳ.K296.34

中國版本圖書館 CIP 數據核字(2021)第 213310 號

責任編輯:黄河清

整體設計:范漢成　曾顯惠　思　蒙

責任校對:汪欣怡

出版發行:武漢大學出版社(中國・武漢)

地址:武昌珞珈山

電話:(027)87215822　　郵政編碼:430072

録排:武漢恒清圖文菲林輸出工作室

印刷:湖北新華印務有限公司

開本:787mm×1092mm　1/16

印張:47.25　插頁:6

版次:2022 年 4 月第 1 版　2022 年 4 月第 1 次印刷

定價:188.00 元

ISBN 978-7-307-22683-8

9 787307 226838 >

《荊楚文庫》工作委員會

主　　任：王瑞連

副 主 任：王艷玲　許正中　梁偉年　肖菊華　尹漢寧
　　　　　郭生練

成　　員：韓　進　陳　亮　盧　軍　陳樹林　龍正才
　　　　　雷文潔　趙淩雲　謝紅星　陳義國

辦公室

主　　任：陳樹林

副 主 任：張良成　陳　明　李開壽　周百義

《荊楚文庫》編纂出版委員會

主　　任：王瑞連

副 主 任：王艷玲　許正中　梁偉年　肖菊華　尹漢寧
　　　　　郭生練

總 編 輯：章開沅　馮天瑜

副總編輯：熊召政　陳樹林

編委（以姓氏筆畫爲序）：朱　英　邱久欽　何曉明
　　　　　周百義　周國林　周積明　宗福邦　郭齊勇
　　　　　陳　偉　陳　鋒　張良成　張建民　陽海清
　　　　　彭南生　湯旭巖　趙德馨　劉玉堂

《荊楚文庫》編輯部

主　　任：周百義

副 主 任：周鳳榮　周國林　胡　磊

成　　員：李爾鋼　鄒華清　蔡夏初　王建懷　鄒典佐
　　　　　梁瑩雪　黄曉燕　朱金波

美術總監：王開元

《荆楚文庫·方志編》編纂組

組　長：劉偉成　陽海清（執行）

副組長：劉傑民（執行）　王　濤　謝春枝　郝　敏　嚴繼東　范志毅（執行）

參編人員（以姓氏筆畫爲序）：

王　濤　李云超　宋澤宇　范志毅　郝　敏　柳　巍　馬盛南　陳建勛

夏漢群　梅　琳　陽海清　彭余焕　彭筱溦　楊　萍　楊愛華　雷　静

劉偉成　劉傑民　劉水清　謝春枝　戴　波　嚴繼東

編　審：周　榮

顧　問：沈乃文　李國慶　吴　格

出版説明

湖北乃九省通衢，北學南學交會融通之地，文明昌盛，歷代文獻豐厚。守望傳統，編纂荆楚文獻，湖北淵源有自。清同治年間設立官書局，以整理鄉邦文獻爲旨趣。光緒年間張之洞督鄂後，以崇文書局推進典籍集成，湖北鄉賢身體力行之，編纂《湖北文徵》，集元明清三代湖北先哲遺作，收兩千七百餘作者文八千餘篇，洋洋六百萬言。盧氏兄弟輯録湖北先賢之作而成《湖北先正遺書》。至當代，武漢多所大學、圖書館在鄉邦典籍整理方面亦多所用力。爲傳承和弘揚優秀傳統文化，湖北省委、省政府决定編纂大型歷史文獻叢書《荆楚文庫》。

《荆楚文庫》以『搶救、保護、整理、出版』湖北文獻爲宗旨，分三編集藏。

甲、文獻編。收録歷代鄂籍人士著述，長期寓居湖北人士著述，省外人士探究湖北著述。包括傳世文獻、出土文獻和民間文獻。

乙、方志編。收録歷代省志、府縣志等。

丙、研究編。收録今人研究評述荆楚人物、史地、風物的學術著作和工具書及圖册。

文獻編、方志編録籍以一九四九年爲下限。

研究編簡體横排，文獻編繁體横排，方志編影印或點校出版。

《荆楚文庫》編纂出版委員會

二〇一五年十一月

前言

《〔乾隆〕英山縣志》二十六卷首一卷，清張海修，清姚之琅纂，清乾隆二十一年（一七五六）刻本。張海，清浙江錢塘（杭州）人，乾隆十九年（一七五四）官英山知縣。姚之琅，乾隆三年（一七三八）舉人，揀選知縣。

英邑自明以來，即屢遭兵燹，文獻無徵，邑人雖有『讀書務學』之舉，然『科第、仕官寥寥』，賢著不富。邑志始於清康熙二十三年（一六八四），邑令劉五瓏修之。惜其志『匆猝以應命，僅有形似』，所載略而不詳。邑之志事實爲荒蕪，無底本可依。雍正八年（一七三〇），邑令趙宗炅曾開館修志，然志事未畢即去，其書因『輿論不協』終止，『生員傅有宣取歸，補綴畢工，藏於家』。張海到任，以舊志『簡陋且漫漶不可識』，而七十餘年時殊事異，實有續修之必要。遂於乾隆二十年（一七五五）延衆鄉紳開局，取趙宗炅所遺爲參考，旁搜博採，序次續新，又詳加考證，補缺正僞，至乾隆二十一年（一七五六）春，其事乃竣。

依底本舊目可知，原志分二十六卷二十二綱：沿革、星野、疆域、山川、建置、學校、典禮、賦役、古蹟、風俗、職官、選舉、武備、名宦、人物、忠烈、孝弟義行、隱逸流寓、仙釋、列女、藝文、雜紀，首卷設圖考。其體例較之前志，有所改動。如析『沿革』出『建置』、析『選舉』『武備』出『人物』，各成一綱；『城池』『公署』等併入『建置』志下，『物産』歸入『風俗』志下，『祥異』歸入『雜紀』志下；增加一邑人物類別等。

其内容所紀，以設縣後爲始。一邑之名宦、鄉賢等諸祠主位，沿舊設立，未經釐正，是志仍録之，待查核更定。已入諸祠者理應立傳，是志採訪補入未經題奏或受子孫牽累者，不使之湮滅。人物列傳依生人不立傳原則，所録尚在之諸賢只因事附入，而不予立傳。舊志所載名宦、人物之有所舛錯謬誤者，相沿已久，是志以『驟而易之，反覺駭人耳目』，僅『略示大概，仍存舊志』。前志、州志所載官秩，雖『或得之斷碑殘簡，或僅托諸傳聞，時代事實亦間有附會』，是志仍皆存之。

是志有方超《序》讚言：『雖小必陳，而考證尤詳。』然觀其凡例所敘，仍存衆多待稽考之事，相較前志，則如《〔道光〕補修英山縣志·凡例》所評：『康熙舊志頗爲詳實，而丙子志概不及之。』

據《中國地方志聯合目録》，北京故宫、台北故宫博物院藏有該志。本次據清乾隆二十一年（一七五六）刻本影印。該刻本存在大量漫漶、重影、字跡缺失等現象，且原書有缺頁，現列於此：卷一之第一葉至第四葉，卷八之第二十八、二十九、三十四、三十五葉，卷十二之第三、四、十三葉，卷十三之第四葉，卷十四之第四葉，卷十七之第八、十五葉，卷二十之第九、十葉，卷二十三之第十四葉，卷二十五之第五葉，卷二十六之第四葉。此外，卷二十三之第十九葉後或有缺頁，卷二十六之卷端題『卷二十』，應爲版刻錯誤。（彭筱溦）

目録

卷之二十六

英山縣志序

英居蕲黄六蓼之間西屬楚東屬吴其地多崇山峻嶺四望巒然其民人多負山而居藝土而食其蠶家著姓恂恂禮讓無綺羅狗馬之好其來受廛者率負耒之人大約

資其山之澗曠植漆楮蠶蘆之屬以贍其生非有舟車商賈輻湊其地以故耳目質實志欲愿謹不見異物而遷介吳楚之會而無吳楚澆薄浮靡之習余嘗接鄰其境邑其鄉民洞洞屬屬有終身未識長

吏者而士夫之家各集其族之明
經上舍子衿之士以及非胄之輩
具公服傴僂道左弊而有禮周巡
四封閒庭鮮訴訟之風里有室家
之樂宜乎卧治之有餘矣而近者
楚黄送民馬朝柱等謀爲不靖煽

入於英英之人感於既福或巧名
入籍事既洩幸覩
聖朝祝網之仁矜憫無知自渠魁外咸
與寬宥噫唯其地勢偏僻風俗樸
魯是以昧於燭奸而易於受惑也
夫爲治之道貴養其所有餘而調

剗其所不足英之樸魯當使之可以英之樸魯昧於燭奸而易於受惑者當使之警而知覺此非守土者之事歟乾隆甲戌西泠張君蒞兹邑慨然有良吏之用心既爲之勵學校講法律搜緝遺孽以安善

良矣既而念邑乘荒略無以彰前
而傳後集紳士旁搜博采遠考近
稽不三月舉前志之缺者補之譌
者正之裒然成書事核於今而文
詳於昔誠盛舉也余受而讀之則
凡英之山川土物之盛風俗人心

之美以及其所以因仍受敝之故咸釐然可覯張君誠探其本原而設施之使英之人確然守其不彫不琢之素而又牖之於大道使其人曉然不惑不為邪說所動則蕃庶蔚起將有過於今誌所載者俾

蘄黃六蓼之間巍然稱望縣焉豈不隆乎因其乞序而書此以弁其首藏思其居余與張君共勉之矣是為序

賜進士出身中憲大夫知江南直隸六安州事析津邵大業撰

旨

乾隆二十年歲次乙亥嘉平望日

考周官撢人小史之義郡縣皆得書其風土人物以備採風貢之天子匯獨潤色鴻業用備觀覽蓋一方之文獻係焉而爲治之因革損益補偏救弊之術即於是乎具故曰國奢示儉國儉示禮由此其選

也我
朝定鼎百有餘年輕徭薄賦禮陶樂
淑
各大憲勤宣
德意惟日孜孜凡山陬海隅輶軒所至
類為深能歌咏盛德發抒廟謨以

彰文明之治況大江南北中華隩
區蒞斯土者尤樂於乘時奏績其
勷雍化乎先是乾隆己巳
皇上將南巡江淮省方問俗海時備員
當塗敬修邑乘待供
睿覽及量移霍邱公為檢閱舊志纂輯

成書甲戌秋承乏茲土詢風考政周覽城邑問故府之程章則尤卷帙簡陋且漶漫不可識蓋英志修於康熙甲子劉君距今七十餘年雖川原壘埜景物依然而時殊事異其間户口遞生聚斗倍於昔矣

俗尚之漸摩亦月異而歲不同矣
倘莫爲之前雖美弗彰聿際
國家同文之休而英默困陋就簡誠
都人士之羞抑亦守土之責也爾
時以諸務未遑閱明年百廢漸舉
歲稔時和廣延紳士開局纂修劉

畧者補之失次者序之後起者續之存疑者辨之簿書之暇詳加考訂視當塗霍邱兩志更有彈厥心者今年春事始告竣余覆覽而讀之竊於此有深念焉英邑界連荊楚為吳會要區土壤磽瘠萬山

環之兩河縈繞數十里以嶮隘不通舟楫夏秋霖潦水漫沙漭民生艱蹙其士人讀書務學者必遠遊他邑而科第仕宦寥寥然晨星其故安在昔趙廣漢爲潁川設缿筩匿名告訐使强族相讎雖發奸摘

伏如神而民偕固益敗矣彿延壽
乃始敎以文學禮讓遵制謹度黃
霸曰其迹而太治則民風何常在
長吏之轉移化導何如耳海不敏
夙夜黽勉懼忝厥職期上副
聖天子壽考作人之化用樹

含靈欽承樂育之心而來之有遠
猷自令碩與邑之學士耆老共相
砥礪習俗之善者世守而勿替敝
者去故而更新恬嬉在野師濟盈
朝後有作者視余今日所志有其
過之無不及焉是則余之所厚望

五

也夫

乾隆二十一年歲次丙子四月知英山縣事錢塘張海謹序

自古忠臣孝子悌弟烈婦其志節卓然不敝於天壤者好學深思之士懼其湮沒而特彰烈為傳誌以紀載其事所以為後世鏡者深遠矣志之作也將以備輶軒之採成一代

之書以信今而傳後其視文人成一家之言者關係尤重也英邑僻介吳楚崇山峻嶺四方賓客之所不至故其民生不見外事而習尚醇樸余自癸酉司鐸是邑覽其山川人物意

以有司備畢趨之吏司以求稽
者稽舊志所載則略而未詳蓋
其自有明以來屢遭兵燹文獻
無徵不足異也我
國家重熙累洽生聚教訓夫斯民
者百有餘年矣甲戌六月遣錄

塘張文臺換莅茲土不匝歲政和人洽簿書定暇慨然念英志殘闕而復修之辭正舊史得失延訪故老傳聞其發潛德之幽光者必信而有徵而虛搆疑似者不與焉他若天文地

理以及人物風土之所宜雖小必
陳而考證尤詳蓋自是而英
之忠臣孝子悌弟烈婦磨滅
而無稱者悉著而傳物君子於
名物象數之繁名得所據以折
衷則 公之所以補綴

皇猷為邦家之光者豈區區一邑盛事耶余也側校讐之列樂覩斯志告成愧無以助高深於萬一因敘其顛末俾後之作志者式焉

乾隆二十一年歲次丙子夏六

月下浣之吉英山縣儒學教
諭桐城方超拜書

叙

國家文治之洽久道斯成方隅明倫之
修循良是賴溪邑當吴楚之要衝奇峰
秀巘疊翠盤旋東澗西溪逶流曲抱其
地僻故其風醇其民樸故其俗簡參自
壬申秉鐸來溪每覽其風景川原竊異
其間名勝之紀述先哲之流芳况卓然
有可觀者乃進稽邑乘殘篇斷簡撫卷
惘然雖事多可紀不過都人士口傳耳
授每懼其浸久漸遠有美弗彰良可惜

也歲甲戌錢塘
張老父臺來蒞茲邑釐剔拓清恤農惠
士澤宮式煥倉庾充盈不踰年而康阜
歌頌聲作矣爰曰卧治之暇留心志乘
重脩而釐訂之既詳既要亦精亦嚴以
備採風以昭掌故甚盛舉也夫志也者
制之存也政之經也昔賈生有言曰使
天下回心而鄉道非俗吏所能為則有
趙杜之績者斯能騁馬班之才益於茲
蓋信焉先是戎　公攝篆靈陽澤深樂

梓沭厥休嘉年來同官之庇彌切廸誨是役也　公總其成余亦忝承令校第自撫荒蕪惧弗克任書既成因得附志於簡端云

乾隆丙子夏孟之吉英山縣儒學訓導

靈陽李治隆書於明倫堂西偏

英山縣志凡例

一英山前志成於康熙二十三年時晉陽劉公匆猝以應命僅有形似及雍正八年平越趙公曾設館修葺會除壽州牧未及成書因與論不協中止生員傳有宣取歸補綴畢工藏於家今亦得備參攷焉

一府州志多總大綱英志既無底本而新修州志祇據舊廬州府志近事亦或未及細考今遍加探訪始得成書中有抵捂不能免也

一英邑雖創立未久然遍攷斷羅各志漢唐以來

令長人物蓋亦寥寥故今茲所紀仍以設縣後爲始

一英邑名宦鄉賢忠義孝弟節孝諸祠主位沿舊設立未經釐正不無疏漏今姑就現在開載仍俟查核更定

一鄉賢忠義孝弟節孝各祠已請
旨入祠者自應立傳但有現在查訪未經　題奏亦或子弟貧愚不能表彰懿美豈容聽其湮滅今先將各祠姓名備列學校而尋實符傳例者仍採訪編入庶幾並行不悖云

一封爵多列職官之前蓋古者建邦分土各有民社與今牧守無異自唐以後僅有虛號徧州下邑亦或荒遠無稽今改入古蹟聊以備一方之紀述云爾

一舊志人物分類甚多但一邑之中過爲區別難以成帙且著例或不合於古所分亦未必甚當今除隱逸外惟忠義孝弟

國家設有專祠仍特立傳餘一概入人物庶免葛藤

一生人例不立傳現任官不載名宦而劉公前志

乃自列傳殊爲失體故現存諸賢或懿行昭著
亦止因事附見不列傳也
一志書原以紀實而各原志所載名宦人物或乃
年代舛謬流品混淆雖考之史策訪諸輿論非
盡無徵但相沿已久驟而易之反覺駭人耳目
今姑畧示大概仍存舊志亦善善從長之意也
一英山前志所載官秩或得之斷碑殘簡或假托
諸傳聞時代事實亦間有附會然前志及州志
所已載者今皆存而辨之闕疑焉可也
一英邑前代藝文遭明季兵燹所存無幾時賢著

作尚未甚詳故所紀不能備體然吉光片羽亦自可珍彩鳳聯飛在後人繼起耳

一志書務在考訂詳核敘事簡明而是非不謬若乃體式前後小有變更原無一定如祥異兵燹之或紀於前或列於後詩文或散見各項或統載藝文忠孝等傳即人物中摘出非在人物之外諸如此類不必多置論辨也

英山縣志

重修姓氏

總裁

英山縣知縣錢塘張海

編纂

戊午科舉人揀選知縣黄陂姚之琅

協編

英山縣儒學教諭蘄州城方超

英山縣儒學訓導靈璧李治隆

監修

附貢生　程光濂

縣學生員　馬世欽

校訂

丁卯科舉人揀選知縣　余序琎

候選訓導　鄧玉

恩貢生　劉鼎

歲貢生　鄭元圭

歲貢生　傅作楫

歲貢生　胡廷燿

儒學生員　鄭坊

采訪

儒學生員　李世[illegible]

儒學生員　程明極

儒學生員　王從龍

儒學生員　沈賫庠

儒學生員　闕兆景

儒學生員　金序瓐

儒學生員　傅士燁

儒學生員　[illegible]大龍

儒學生員　方衍泌

儒學生員　段祚講

儒學生員　鄭一鳴

儒學生員　徐大歛

附貢生　彭正中

例貢生　鄭一增

候選州同　馬道法

國子監生　傅作法

國子監生　余龍

國子監生　余掄爵

國子監生　段祚炳

國子監生彭正南
國子監生胡華璧
國子監生蕭方標
國子監生王繼定
國子監生杜興洪
國子監生彭其河

督梓

七引店巡檢漢州岳其薦
英山縣典史山陰陳燦文

英山縣志　卷首繪圖　三

英山縣志

原修姓氏

編纂

文林郎知英山縣事晉陽劉五瓏

參訂

儒學教諭江都周藩

儒學訓導潁州寗摧

邑人豐城縣知縣沈惟芳

儒學生員鄧林桂

英山縣志

英山縣志目錄

英山縣志　目錄　二

英山縣志 目錄

英山縣志

知縣錢塘張　海重修

圖考

周禮職方氏度天下山川險易盡爲版圖藏諸王府寰宇雖廣可按籍而稽也故志必有圖所以綜文獻實蒞斯土者覩幅員之廣狹疆界之險阻山川之流峙保障之術於是乎寓而城市官署壇壝祠宇遷革廢興則舍圖曷辨即其間之名區勝蹟足供憑眺謳吟者蓋亦隨地呈材尤採風者所必及焉繪其圖於篇首

英山縣志 卷之首

縣境之圖
東北至太湖縣界一百四十里
北至霍山縣界
多雲山
西河
烏雲山
蓮花尖
羊角尖
樓子石
東至太湖縣界三十五里
英山縣
文峯
白雲岩
英山尖
東河
太平坳
南至蘄水縣界
東南至蘄州界三十里

一

西北至羅田縣界六十里
西南至羅田縣界二十里
虎伏山
斗方山
仙人臺

英山縣志 卷之首 二

縣城之圖

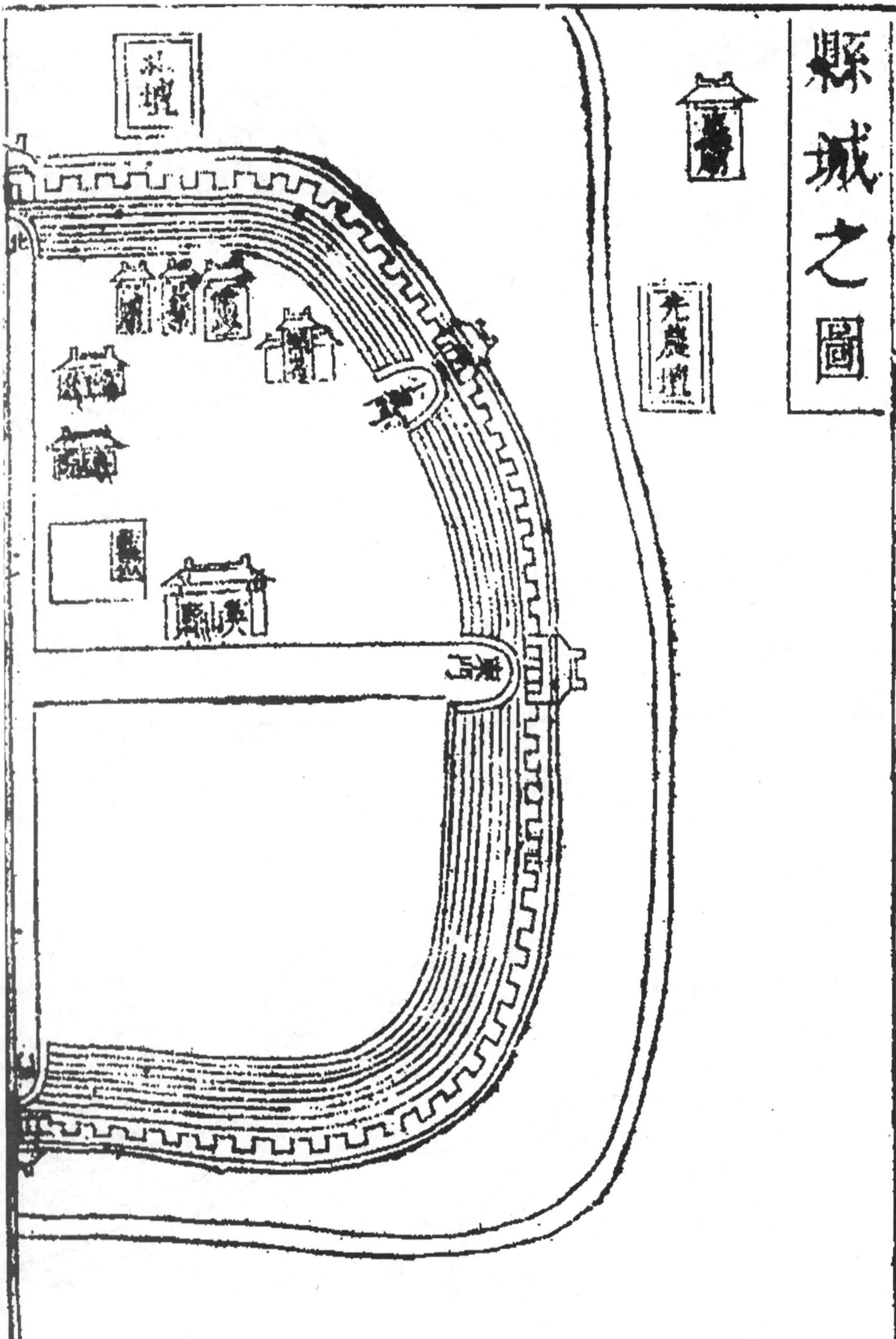

山縣志　卷之首

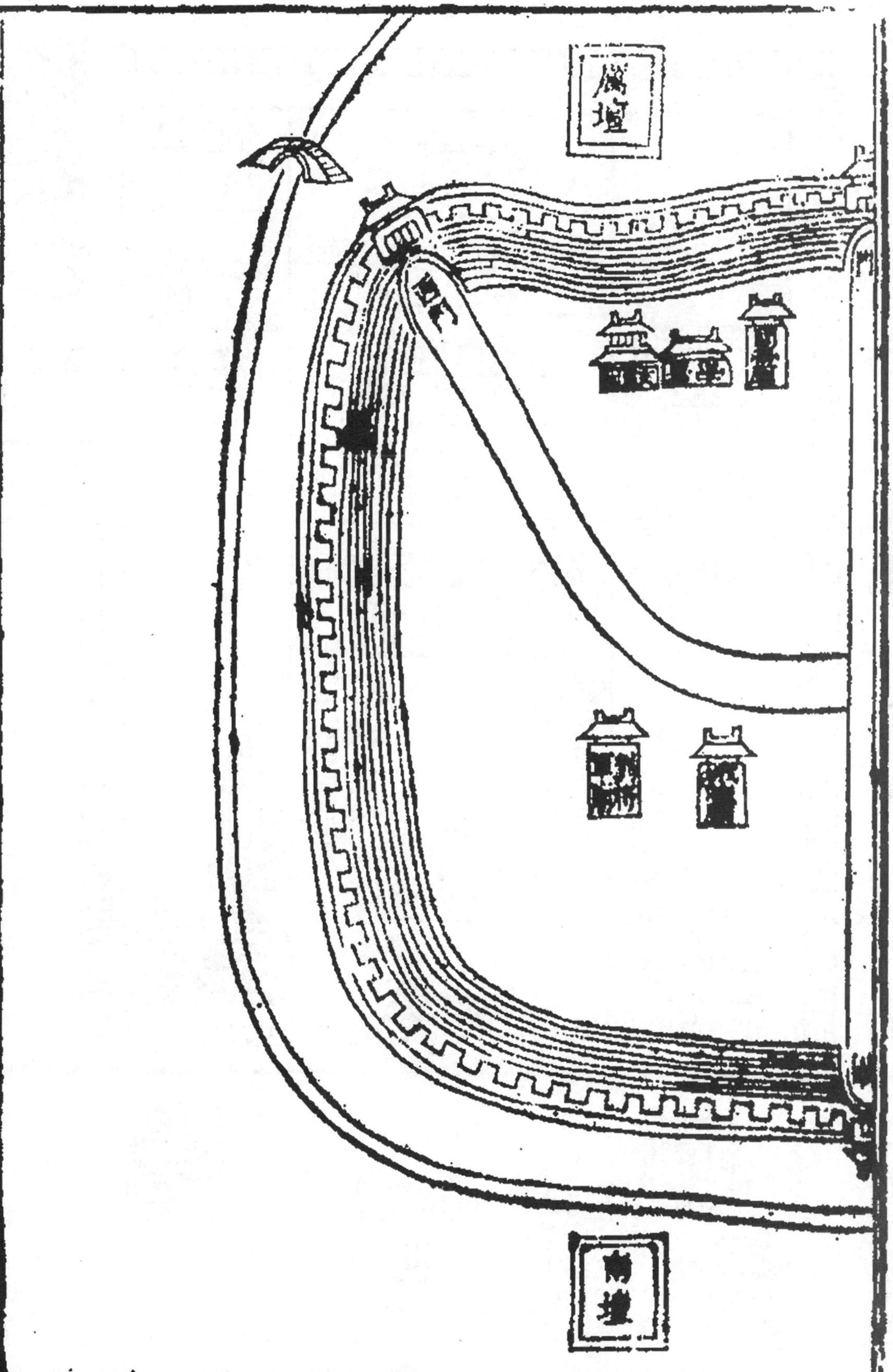

縣署之圖

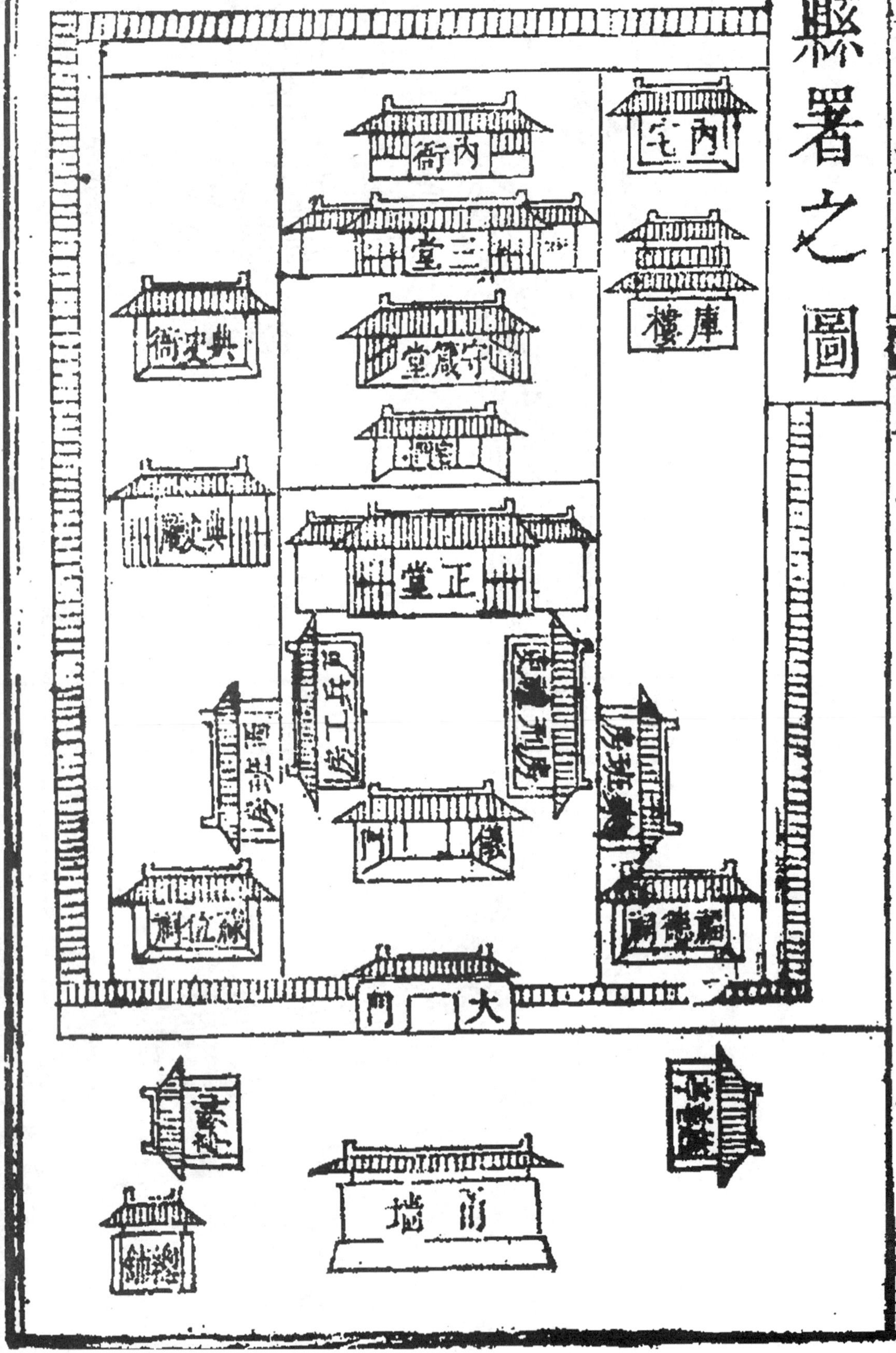

縣學之圖

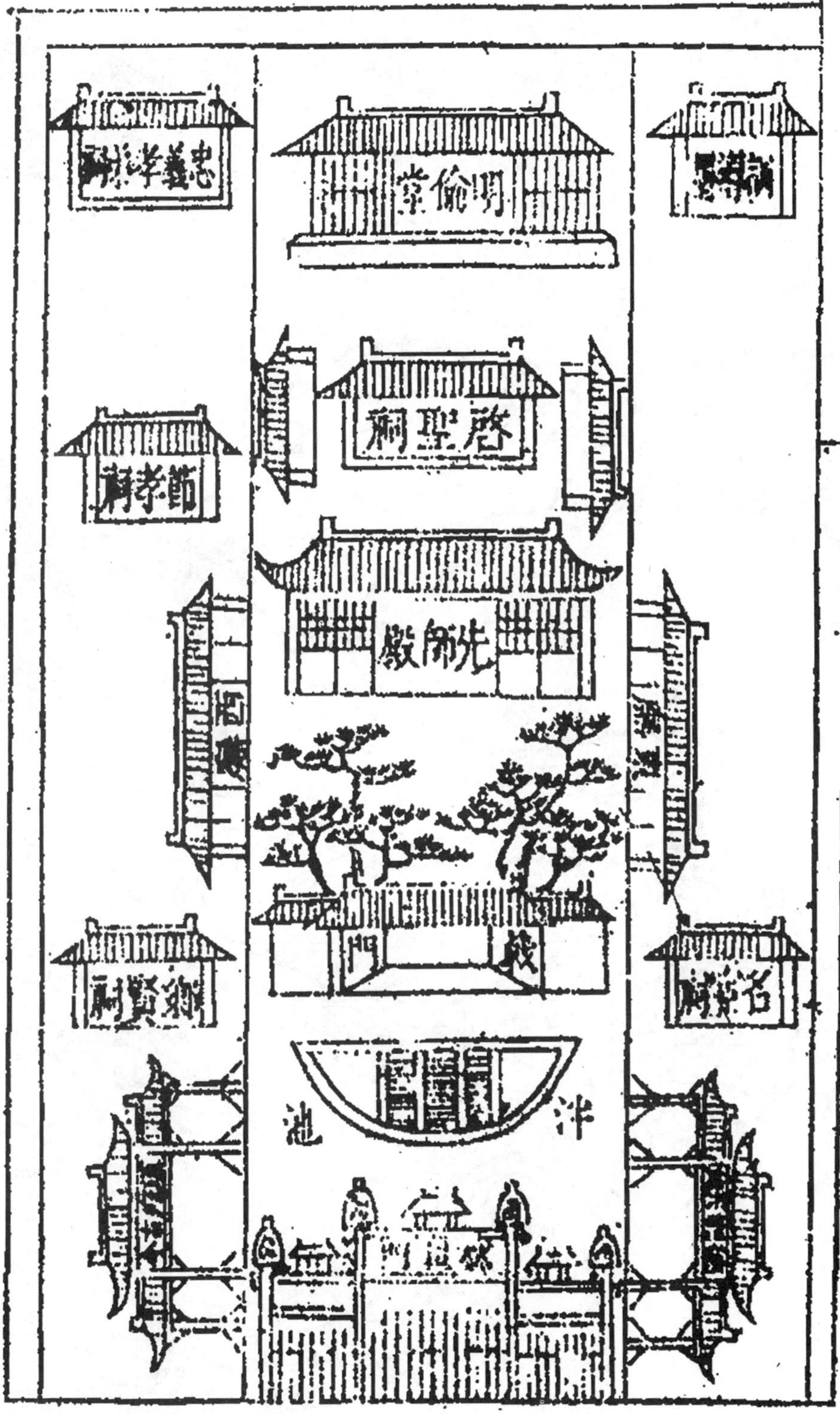

温泉
春景

雞嚎發靈

九峰晴嵐

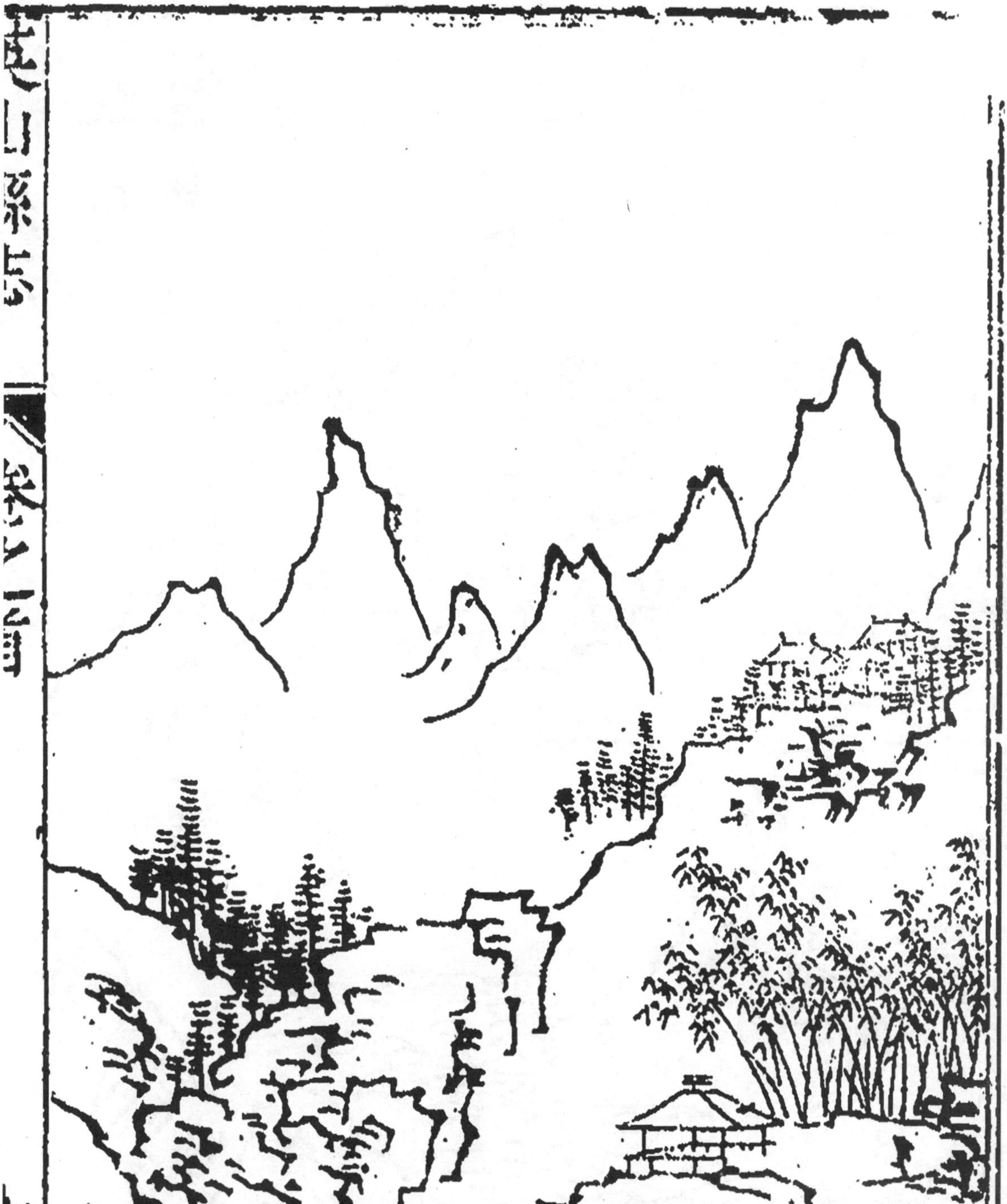

羊角嵯峨

岩風雨
英山縣志 卷之首

英山縣志
卷之首
仙人壁立

英山縣志　卷之首

烏豐硃蹟

梁				
後齊	羅州	齊昌郡	齊昌	
周	蘄州			
隋		蘄春郡	蘄春	蘄水
			羅田	
唐	淮南道	蘄州蘄春郡	蘄春	蘄水
五代				
南唐		蘄州		
周		蘄州		
宋	淮南路又分			

淮南西路　蘄州蘄春郡　蘄春　蘄水
羅田
英山尋縣

元　河南河北行中書省　廬州路六安州　英山

明　南京　廬州府六安州　英山

國朝　江南安徽布政使司　廬州府六安州　英山
直隸六安州英山

按英山昉於宋大抵因廬山而改名耳然古者英與六蓼相去當不甚遠而英山至六安霍邱固始皆不過三百餘里況史稱英布爲英後今邑實有布故址英氏子姓繁衍則其稱爲古英國非無因也漢唐宋與蘄羅同域而元明以後省路判焉然東西二界嶺相去數十里其南爲英山則水皆入楚人皆楚言其北爲霍山則水皆入吳人皆吳語蓋壤地分錯犬牙相制自古已然前志過於簡畧今備考正史補其缺漏正其譌誤俾後之君子得有所據而加詳焉

英山縣志　卷之一

英山縣志卷之一終

英山縣志卷之二

知縣錢塘張　海重修

星野

星野之說肇於周禮保章氏經籍所傳不可誣也然天道幽遠況一州一縣所屬躔尊精天文者或未能詳其故英山自古蘄羅之域本爲楚分故前志謂分野在楚其說當矣第無所徵引而一言以蔽之觀者病焉舊稱徙見古英國與六蓼相近史志又多稱爲揚州之域而元明以後皆隸廬州六安今亦分省江南遂稱爲星紀

吳分誤矣然府州諸志莫爲分析相沿已久今故列楚分於前仍附吳分於後後之君子必有能辨之者志星野

周禮保章氏以星土辨九州之地所封封域皆有分星以觀妖祥鄭氏註鶉尾楚也星紀吳越也

史記天官書翼軫荆州　斗江湖牽牛婺女揚州

天官書註正義曰翼軫皆爲鶉尾於辰在巳楚之分野　南斗牽牛婺女皆爲星紀於辰在丑越之分野而斗牛爲吳之分野

漢書地理志楚地翼軫之分楚也今之江夏楚分

也英山在漢爲蘄春縣屬江夏郡吳地斗分埜也今之九江

廬江六安吳分也

晉書天文志自張十七度至軫十一度爲鶉尾於辰在巳楚之分野屬荊州費直起張十三度蔡邕起張十二度翼軫楚荊州江夏入翼十二度蘄春郡改隸弋陽郡自南斗十二度至須女七度爲星紀於辰在丑吳越之分野屬揚州費直起斗十度蔡邕起斗六度斗牽牛須女吳越揚州九江入斗一度廬江入斗六度六安入女六度

唐書天文志翼軫鶉尾也初張十五度餘千七百

九十五秒二十二太中翼十二度終軫九度自房陵白帝而東盡漢之南郡江夏英山在漢東爲江夏地逢廬江南部濱彭蠡之西得長沙武陵皆全楚之分　斗牽牛星紀也初南斗九度餘千四十二秒十二太中南斗十二十四度終女四度自廬江九江負淮水南盡臨淮廣陵至於東海爲星紀之分古吳越尋舒廬桐六蓼南斗在雲漢下流當淮海間爲吳分

地理志淮南道蓋古揚州之域漢九江廬江江夏等郡廬壽爲星紀分六安唐屬壽州蘄爲鶉尾分[illegible]

在唐爲蘄春蘄水二縣地屬蘄州

明史天文志張十六度至軫九度鶉尾之次也湖廣之黃州府蘄州皆翼軫分　斗三度至女一度星紀之次也直隸所屬之廬州府六安州皆斗分

按星野始詳於漢而折衷於唐一行謂山河之象存乎兩戒州縣雖改隸不同但據山河以分故其說可以爲準英山在三代載籍無徵在漢實爲江夏荆州部唐志雖云淮南路蓋揚州之域然盧壽自應星紀蘄州自應鶉尾分析甚明元

明以後雖分屬廬六改隸江南而山河之象與雲漢相始終者星野固不因之而移也觀英山東西界嶺數十里之遙北爲霍山者水皆入吳南爲英山者水皆入楚此亦足與山河兩戒之說相發明矣今故定爲楚分有識者當不河漢余言耳

英山縣志卷之二終

英山縣志卷之三

知縣錢塘張　海重修

疆域形勝附

疆域者所以慎封境昭職守也而壤地所接鈐疆所轄則一邑之形勝瞭然可睹焉英山為江南西南邊邑距湖廣羅田界僅十餘里其餘遠者或百里而遥近者數十里偏僻處一隅舟楫有所不至而山嶺峻崎淮楚之交實要衝也我國家德化涵濡太平百年之久海宇同風熙熙皞皞即間有無知之徒不過狗偷鼠竊然未雨綢

繆苞桑鞏固未可謂彈丸之地遂以久安長治而忽之矣志疆域

英山縣隸江南安徽等處承宣布政使司直隸六安州

東至隘口嶺安慶府太湖縣界三十五里

西至落梁河湖北黃州府羅田縣界一十五里

南至雞兒河湖北黃州府蘄水縣界四十里

北至界嶺霍山縣界一百二十里

東南至山石嶺湖北黃州府蘄州界三十里

西南至張家河套湖北黃州府羅田縣界二十

里

東北至界嶺安慶府太湖縣界一百四十里

西北至熊家河湖北黃州府羅田縣界六十里

東西廣五十里　南北袤一百六十里　東至安慶省城三百六十里　東北至江寧省城九百四十里　北至

京師二千八百八十五里

形勝附

東距險阨西阻界河南抱石險北跨兩淮楚之襟喉也廬州府志

背負晉熙面控黄鄂左六蓼右蘄春山環若城

水繞如帶吳楚樞鍵舊稿

英山縣志卷之三終

英山縣志卷之四

知縣錢塘張　海重修

山川 水利 關津橋梁附

一邑之地莫不有山川以鍾其靈淑之氣阜其財用物產流其惡而鍾其美且郡縣之迹有時而更山川之形終古不易則古今之封域可攷其秀異者既足以供彼都人士四方賓客之游賞游詠而要害之區設險守國之道尤古今所至重也英地崇巒疊嶂川環如帶雖非有名山大川奇材異產而一方之景物器用莫不依棲

而仰賴焉其間林密茂密或慮藏奸水道淺險不利舟楫遇夏秋霖潦尤易漲溢爲害吏斯土者皆不可不留知而慎爲之防也志山川

鷄鳴山在縣治後一名鷹山邑鎮山也由滁陂山而來綿亘百餘里連峯忽起宛如屏障治後峯尤尖聳可愛舊爲伽藍寺基相傳有船桅者尋山至此聞鷄鳴題云攀燈把火到鷄鳴望見貪狼一木星今日暫爲香火地後來鐘鼓響鈴鈴宋淳祐中制置使吴淵於此立砦爲八景之一

烏雲山縣北十里自天入山發脈一峯卓立尖圓如削每晨雲氣上騰石壁有朱字見古蹟八景之一

英山一名英山尖縣東五十里山最高峯巒秀異上有井雲出則是年必豐下有九江王英國

公墓碑石尚存

石人山　縣東五十里第一峯有石丈餘如人立下有石人洞又羅漢洞深廣可容百許人

光潔無塵內有井泉不溢不竭

得勝山　西門外明將羣盜攻城官吏率居民拒敵盜奔此山發故名舊有砦按廣州志明洪武丁巳知縣陸紀典史李華擒盜於舊稿以爲弘治時知縣陸玘典史李華擒陷給賊張允處今查職官洪武中無二人而弘治中有陸玘李華俱係知縣

樓子山　縣東北七十里自漆樓發脉而來山勢高峻絕頂二石大數百圍長百丈上有砦下爲葉家山明葉指揮居

羊角山　縣北四十里舊有砦至頂兩石如門外臨懸崖石壁窄徑盈尺倚壁行十數丈名鰺公負一面背懸崖復前行忽得平石昔老君降處見古蹟　八景之一

上羊角山　縣北六十里亦有砦三面有路西南石壁萬仞中有關帝廟明末鄉民避兵於此爲賊所破投崖死者數千人今圮

多雲山　縣北一百二十里接羅田界懸崖絕壁峯巒層叠綿亘數百里下有九井常出雲氣故以多雲名山餘見九井

天人山　縣北三十五里自羊角山發脈險峻有砦中有井泉宋鄉民避兵於此鄰天人逃因名天人山明時名千人勝又史閔部捐修築砦更名萬勝堡今圮

皋陶山　縣北三十里在天人山下相傳皋陶曾居此

寄峯尖山　縣東三十里峯巒列甚密舊有砦今圮

三奠山　縣南三十里舊爲吳姓所居有砦名四門砦今圮

九龍山　縣東五里與蓮花山南北對峙俯瞰邑治兜奇秀麗山半有雨淋崖瀑布迸注絕澗

有樹林陰翳明周一言讀書其中有木登虎榜不下龍山句為八景之一

蓮花山　縣東五里大河繞麓如泛水蓮花巔際瞰邑治烟火氤氳亦佳境也

馬鞍山　縣東十五里兩峰並峙狀如馬鞍

崇山　一名松山縣南二十里極高峻

五峯山　一名五行山縣東北一百二十里五峯並列聳特異常

又五峯山　縣北七十里

神峯山　縣西三十里屹立河濱巔有古刹松柏蒼翠

麻姑山　縣西北六十里英羅二縣界山水秀雅林木蓊鬱相傳麻姑過此為八景之一

白崖山　縣西三十里見府州志

香爐山　縣西十里張大悲修仙處山形靈秀亦有龍井祈雨輒應　府州志俱作香爐崖

紫臺山 縣東北九十里端秀巒麗舊有岩今圮

大隗山 縣東北一百里見府州志按即假皮嶺

黃尖山 縣東一百里上有紅髮比邱塔有庵右與福清裔絕倫學者多讀書其中

巖福山 縣東二十里山側有洞曰龍潭洞內深邃泉滴石成窠如盂盂

茅栗山 縣北十五里伊川十二世孫程若舜葬此見塚墓

文子山 縣南十里其山秀麗相傳為皋陶故里

文峯山 縣南門外明知縣歐陽輔龍以堪輿家言改儒學向之

筆架山 縣東北八十里山峯並峙形如筆架俗傳唐畢相故里名畢家山無攷

添樓山 縣北一百二十里自東界嶺高峯頓起層疊如樓閣迤邐而南俗謂為天頭山

新山 縣北六十里峯巒秀異絕頂平石數十丈登眺無際

[illegible][illegible]山縣北一百里石門關外

朝陽山縣北七十五里舊有砦明末鄉民避兵於此苦無水今廢

古勝山縣東北十里舊有砦今圮

橫山縣東四十五里山脊平直有巨闕石川圍繞之光彩灼爍石山如柱巑岏突兀土人呼穴蠟燭石又有一石橫出數丈自下望之若懸掛雲間者

黃栢山縣東二十五里

獨山縣東二十里

詹家山縣東南二十里

游家山縣東南三十里

石灰山縣南三十五里

雲葢山縣西五十里

又雲葢山縣南二十五里石穴間雲霧湧出山頂有古井二歲旱鄉人取水以禱多應

白羊山一名白石山縣西南四十里上有龍泉古寺寺前井水烹茶氣香而味承祈雨汲作水母甘霖輒應

乘風山縣北四十里

闔山城北四十五里

西峯山城北七十里

板場山縣東北三十五里

牛子山縣北九十里

太平山縣北九十里

月山縣西北四十五里有古栢古棗俱無枝葉而當春發生青蒼可愛

永興山縣治西南下有潭

芝山縣南三十里宋段瓘廬墓處

滾石山燕子崖岩基山諸峯縣南三十五里自亭子嶺而西高峻秀麗明將居山麓者科第不絕

烏石尖縣北四十五里產烏石可鐫碑記山南有慕峯明金太常故里

掛龍尖縣東北一百三十里

蘆花尖縣西北五十里尖峯聳秀東與上羊角山對峙雲表

吽雨尖縣西北四十里在父子嶺上沈正显遇歲旱於此與雨今有沈真人廟靈應異常

望江尖縣南四十里

黄土嶺縣北五里有亭曰花涼迎送官長處

軍師嶺縣北七里

東界嶺縣北一百二十里

西界嶺縣北一百四十里

又東界嶺縣東北一百二十里通霍山

又西界嶺縣東北一百二十里通霍山

按二嶺即府州志所稱界嶺東磯西磯抵霍山界者也

茶園嶺縣東二十里舊產茶

□波嶺縣東四十里有東嶽行祠見寺觀

門坎嶺縣東北一百六十里

椴皮嶺縣東北一百二十里有椴皮樹見古蹟

古左界嶺縣東北一百二十里通太湖

棗刺嶺縣東二十五里太湖界

隘口嶺縣東四十里通潛皖

新開嶺縣東三十五里山麓有嶺名項家坪幽秀異常神宗舊有講堂

清風嶺縣東十五里有洞名清風洞

白坊嶺縣東十里

山石嶺縣東南三十里

亭子嶺縣南三十里蘄州蘄水通衢

父子嶺　縣西北四十里

楓香嶺　縣西北三十八里

沙河嶺　縣東北三十五里

州志又有天頭嶺府縣志俱不載疑即深嶺

謂為天頭山者也

清風崖　南門外河岸上為八景之一

龔家崖　縣北五十里有瀑布相傳為龔元卿故里

兎兒崖　縣北三十三里孔家坊大河岸上

佛塔崖　縣東北七里明張參政葬其上見塚墓又有清風崖與之斜對

青峯崖　縣北六十里下臨東河其峯高險

曾家崖 縣東北四十里

猿驚崖 縣東北一百六十里懸崖峭壁峯嶺綿亘二十餘里

白巖 縣東南三十里

黃金崖 縣東南二十五里相傳有石刻藏金在內

鷹嘴崖 縣東三十里

青林崖 同上

銅鑼崖 縣南三十五里有羅馬崗俗傳英布會戰鑼馬於此鳴金其上或疑羅馬二字之誤

硃砂崖 縣西四十里崖壁懸絕赤光奪目相傳山下產硃砂　府州志在三吳山上

普庵崖 縣西三十里

香子崖 同上

擂鼓崖 縣西北六十里半屬羅田有石外方中空其一下懸如鼓上有廟

金華巖 縣北四十五里崖下有巨石直跨河中

龍秀崖 縣東二十五里

龍井崖 縣北六十五里

仙人崖 縣北一百五十里

雨淋崖

龍崖 縣北三十里上有山井禱雨輒應

州志又有石馬崖南十七里府縣志俱不載

僊人臺 縣南門十里水嶺蘄州上有古剎蒼杉二株亭亭如蓋絕頂祖師殿俯瞰山境下觀群砂崖初日微照煥麗非常舊有砦宋明末鄉民俱避兵於此全活甚衆 八景之一

師姑坪　鷄鳴山下見府州志

天花坪　縣東十五里上有平陸可田可宅

又天花坪　縣北八十里有龍非九昔建廟壓之然雲氣出沒日出時天色清朗步馬山鳴中白氣一如線直上即爲大霧迷漫對面不相見一時許復散居者衣被盡濕

火麻坪　縣西八里有太乙觀

官坪　在七引司見府州志

縣場坪　縣北一百二十里見府州志

打虎廠　縣東南三十五里峯巒迢遞林寨山深通蘄州

五里排　縣東北七十里山勢橫列叠障相聯

太平坳　縣東南三十八里

山溪坳 縣南八里明正統時天下第二儲關和尚居此

黃連沖 縣西北四十里見州志府縣志俱不載

龍潭洞 見廣濟山懸泉下滴終古不絕每逢歲旱禱雨於此

造錢洞 在廣聚里郭家河河有三險爲鄉二險滿布如簾單洞戶同水而入有級可升其中清明寬敞可坐臥過此則寒氣逼人莫敢入者

石人洞

羅漢洞 二洞俱見石人山

翟雞洞 在造錢洞側

老虎洞 有二一在蕭家河上一在同義里盧花尖康熙五十九年虎傷人土人遂入其中遂殺門虎

[illegible]洞 廣聚里棚林棚上

石屋洞在蘆花尖麓上下與仙臺中一洞容數十人旁有窄徑可通

石門洞在同義里石門閣昔人鐫文石上

清風洞在清風嶺上可容千人明末寇亂民避寇於洞寇塞其穴俱死洞中陰雨常聞鼓樂聲

風洞[illegible]北一百五十里

仙人洞在安仁里赤樹山下門不盈尺中寬厰可容坐

燕子洞在安仁里北冲河邊上有石壁人不可到下瀕水數十丈中方正平洞二穴約二尺許

之則聚無[illegible]聲

古勝山洞在古勝山深數里不甚大明末土人避賊洞中賊以烟熏之死者無算骨有石含羅白者得全後樂以示人

[illegible]洞在同義里仙人崖下石壁千仞中一門不[illegible]到旁生古藤於石上攀藤而入可容數十[illegible]

老龍洞 在仙人臺側深丈許有紫石如龍[illegible]水下成小井不深不淺歲旱祈雨於此

水

獅子石 鷄鳴山後

魚龍石 南門外鎖水口旁有符淵

樓子石 見鐵子山

馬蹄石 縣南三十里

紗帽石 縣北七十五里形如紗帽在石頭嘴河中

跽人石 縣東九十里形如人跽在劉家河

碧耳石 縣東北一百四十里湯家河下

豬頭石 湯家河上

蠟燭石見樓山

丫口石縣東二十里

望仙石在羊角山東南

懸棋石在紫臺山

鸚鵡石在柳林關後

崄石縣南六十里崖南舊水北羅田中太河來山諸水俱於此出巨石長五六丈高數十丈横截河中三孔注水所以六山不通舟楫明知縣許有聲燒口修鑿傷一月遂廢

四顧墩在城北金家舖河中

方山砦縣東北一百二十里二面皆通羅山今圮

主簿砦即英武砦縣東四十里三面峭壁最後一徑可攀蘿而上今圮

白雲砦縣東南三十里今圮

章家砦縣西北十五里不甚高峻明史閣部可法築城建砦後砦破知縣窩祥崙於此殉難

白巖砦縣西北三十五里西向石壁千仞砦今圮

鄒姑尖砦即樊子山

千年勝砦縣西北三十里見州志

古砦縣西北十五里

白牙砦即白崖庵縣西北四十五里明末避寇上人沈國璉築石城設敵門賊不能入全活萬衆今城基古井猶存

天人砦以下與霍山內　三吳山砦　下羊角砦　上羊

覺砦　朝陽砦　古勝砦　紫臺山砦　寄峰

尖岩

東河　在英山縣源二其一霍家河合霍潛太三關諸[illegible]至柳林畈其二西畈河發源潛山分水界及添樓山東至柳林關會蕭家河際富家畈楊柳灣至縣東門北澗河來入繞消門西門至兩河口會西河名大河又四十里鷄兒河來入出險下過蘄水南門出蘭溪入大江

西河　在添樓鄉源二其一源來添及添樓山西畈洪口舖至劉家灣其一源西畈洪會多鳳山水畈橫河至劉家灣與東畈河會經七引司金家舖至兩河口會東河入江

鷄兒河　發源花寺前至縣南五十里蘄水英山分界處入大河以下俱在安仁里

北澗河　源出馬鞍山至縣東南里許入大河

北中河　縣南十五里入北澗河

西畈河　縣南十里入大河

大畈河源出崇山至縣南十五里入大河

閔家河縣南三十里入大河

黑石河縣西七里入西河

喻益河縣南四十里入鷄見河

下庄河縣南三十里

落梨河縣西十五里羅田英山交界處即西河也

宋家河縣西北二十五里以下俱入西河在同義里

黃家畈河西北二十八里

孔家坊河西北三十里

太平橋河西北二十七里與英羅交界

房家冲河西北三十里

斗門河西北三十三里

四顧墩河西北三十八里

黃蓮冲河西北四十二里

龍潭河西北四十里

土門河縣西北四十七里

紫檀冲河西北四十八里

傅家雙河口西北五十八里

甘家冲河西北五十七里

花橋河西北六十里

曾家畈河西北五十八里

汪家河西北六十里

青山溝河西北六十四里

夾鋪河西北六十五里

三官堂下河西北七十里

傅家壩河西北七十二里

板橋畈河西北七十五里

周家鋪河西北七十七里

金龜河西北八十里

小石頭嘴河西北八十五里

雷家源河西北四十五里

程番冲河西北八十里

田家畈河西北八十八里

御子橋河西北九十里

周家畈河西北九十二里

龔家畈河西北一百里

牛皮嶺橋河西[illegible]百[illegible]

横河西北一[illegible]二十里

陳家河任[illegible]至[illegible]

許家河縣東[illegible]俱入[illegible]

英山縣志

佛塔巷河 縣□十里

杉林河 縣東北五里

牛頭河 縣東

陳家嘴河　東北三十五里

黃泥畈河　東北三十八里

雷家店河　東北四十里

金華巖河　東北四十五里

龍家套河　東北五十里

五家河　東北六十里

團山河　東北六十五里

郭家河　東北九十里

陶家河　同上

西硔河　同上

蕭家河　同上

夏家河　東北一百里

横河　同上

湯家河　東北一百四十里

猪頭河　同上

五字河　縣北五十里

處士河　縣北四十五里

滿溪　縣東五里地名滿溪坪往蓮花山之陽中為巨流兩峯夾峙若門

黃溪　縣南五里

邑溪　縣南門十里

綠溪　縣東三十五里

鹿溪　縣北六十里地極幽勝

蕭公潭　縣西南河水與山下舊有蕭公廟相傳此其修煉仙處未詳何代

山陽潭　縣東十五里

石壁潭　縣東北八里

苦竹潭　縣東北十里

白馬潭　西南十五里潭側向有秋田數十畝後潭水泛漲至今亂石壘列成灘土

鐵線潭　縣西五里

土門潭　縣北五十五里有山湖水上二三里忽中斷如劈形似門戶下為潭深不可測有沒水者云至盡處見圓口若甕内藏巨魚不敢入

祖師潭　縣北九十里

洗馬潭　縣北一百二十里在多雲山九龍井下水深叢出人言潭內時有大魚出水上不知者誤擊之天即陰晦雷電交作

踞魚潭　縣北一百里中界嶺西界嶺兩河交會處

清風潭　縣東北九十里潭下有坎坎中二石相對如門捕魚者出入其中再過則深不可測

李貢潭　縣北九十里石壁鋪河西舊爲李貢生住宅明萬曆四十八年爲蛟水所泛成潭全家俱溺死

青龍潭　縣東北一百里

出尺潭　縣東北一百一十里

龍潭　有四一一在縣南二十五里棘嶺灣懸崖萬仞下爲潭盛暑至其旁毛髮慄慄一在縣

北集象崖下二有羅東三十里龍門均兩山
峭立一柱中流下臨龍淵飛布衝擊聲如雷鼓

二在清風峽兩絕壁數千丈下有懸崖
中停盤石石中微皆甕口即接溜流

石龍頭 縣西南二十三里倶淡似龍頭自西
北而東南貫亘於江舟皆避過

三險 在府聚龍郭家河下餘數里有石壁無泥沙兩
岸峭削無險飛流直下數十丈奔射衝擊聲

如洪鐘聞水者於山中伐木勢其上乘流而下
重險則騰躍舉岸木發險竟壁其底閣上二時

夾起其入鉤發之勢踏其上三
險皆然見者無不神搖打收

五險 在峯舟山下嶔險相距里許水如三險稍不
其大山蹬高峻險至險處陡斷其餘皆可登

覽自頂險至近險如
視釜底亦奇觀也

過路灘 縣東北
六十里

熱湧泉 縣北三里磁嶺山石中湧出如湯正中一
泡可以熟雞子歷數坎溫涼漸別二月至

九月浩臨不絕水作雄黃氣發於洗之立愈其

下膚隙裏衍歛敵仙處收擭獨登至西門入東

河爲八

景之一

西湯泉 縣西三里石竇湧沸下注池中廣丈許狀

如甕環池皆山左畔一池稍高溫涼各異

若溪 源出駕至雙

河口入東河

溫泉 在絲茅嶺下大河邊岐西北二湯

泉其熱可灼一方浣濯者賴之

玉虹泉 在同義里太平橋有舒

城何汝錫詩見藝文

董公泉 在縣治門明弘治間典史董廷秀所設廷

秀有惠政後人思之名其井曰董公泉

清泉 在縣治內新文閣前相傳明嘉靖末以陰陽

家言浚是井泮行連中鄉榜者附錄於此

九井 在多響山上三井中三井俱不可測下三井

瀕高嶺驛在洗馬潭上流深莫測後爲石壁

沿裂一罅僅容足登者必過此初爲風井或下

頂石生風經旬不歇大龍井形如甕四圍可[illegible]

可見禱雨者具文投井中並以繩繫竹筒置水上少焉竹筒旋轉沒入水有頃而出水已滿筒即持歸雲畢其上隨之而走至祈禱處即入小不等必有雨次龍井則秀爲沙淤止一楊枝挹中有白沙虔禱則沙開水涌

龍井在縣北天花坪舊有九井中藏蟄龍昔竹林士用符咒覆土掩其八建廟壓之止存一井爲汲泉常有雲氣詳天花坪

狗耳井在縣東英山上深不盈尺廣三四圍泉水甘洌四時常滿

水利

潤衕塘一名安山縣塘　休州縣塘即沈佺塘縣北三十里

月形塘縣北九十里　長塘縣西三十里

黃家壩堰　官堰

梓山冲同義里　水灌冲

孔家堰　馬家畈同義里

青灊　呂城畈

車門畈　石堰縣北二里

傅家壩七引同下　柴山

青河　黄家冲

程家堰同義里　難作堰同義里

千工堰一在難作堰上一在蕭家河　龍潭河堰同義里

大堰同義里　石壁堰同義里石壁舖下

觀音堰安仁里陶家坊下　楊家堰同義里父子嶺下

張家堰同義里　　紙糊堰同義里詹家畈下段

邱家崖堰安仁里　　𥶡子堰廣聚里

文壁堰廣聚里　　大畈河堰安仁里

石塔堰同義里岡家冲上　　天作堰縣北八十五里

石鼓堰西北五十里　　長子堰

團魚堰　　豐城堰縣北六十里

江家堰縣西四十五里

按英山無平原曠野盡屬冲壠夾田皆山澗河者皆沙坪恒賴築堰灌溉然各堰興廢不常而沿溪河小堰不可枚舉今姑撮其大概惟書事

者時加勸勵使人自爲謀隨宜修葺則土壤肥沃西成豐裕矣

關津橋梁附

七引關今七引河　石門關以上同義里

朱紫關　柳林關

古方關以上俱廣聚里

三河口渡縣西二里　南門河渡

金家舖渡

西門橋　石頭嘴橋縣北八十五里以上同義里

沈家橋在城北父子嶺南

砆戶舖橋縣北一百五里今名太平橋乾隆年余廷渾等捐建

永鎮橋舊名賀家橋歲久衡廢乾隆十五年貢生程光濂捐建

兩會橋在城北黃連冲節婦沈詩譚妻鄭氏捐建

金家橋今名安集橋城北四十里貢生金秉瑜捐建

梭子橋城北十五里今名澗安橋舊橋傾廢乾隆十九年貢生金秉瑜生員黎敷松仝捐建

傅家橋

鄭家橋縣北二十五里

花橋縣北五十里

太平橋西北二十里石壁刻玉虹泉有昔人題詠

包家橋縣北七十里

蔡家橋縣北十二里

獅子橋縣北九十里

界嶺橋縣北一百二十里

牛軛嶺橋縣西北一百里

龍泉橋縣北八十里

長春橋縣北一百二十里

延壽橋縣北一百十五里

新橋縣南三十里以下安仁里

伯仲橋縣南二十里

俞家橋縣南五里

四路橋

安同橋縣南三十里靈鷲菴前明方明安建後人重修改爲攸同橋

三通橋縣南三十五里明方義貫重修

永安橋

大竹橋縣南十五里乾隆十九年監生彭正經捐建

轉棚橋縣南三十五里

楊家橋縣東二十里以下廣聚里

水口橋

雷家河橋

李公橋

義橋縣東九十里

福壽橋縣東北八十里　延壽橋縣東北三百二十里

長壽橋縣東北八十五里　崇安橋縣西見州志今圮

觀化橋城內儒學前今圮　善福橋見府志

英山縣志卷之四　終

志卷之五

知縣錢塘張　海重修

建置

古者量地制邑度地居民自城郭官府以至都鄙鄉遂之間辨方正位畫野分疆大小相維遠近聯絡莫非所以衛其生防其侵害而時其政令也然春秋用民力必書故建置之際君子謹之我

國家加惠元元一切動支國帑惟恐耗民財力而守土之吏亦莫不仰承

德意罔敢輕言興作廢圮者修之缺者補之不便者移易之其一時之經營拮据後人皆當愛惜而慎守焉雖時所當爲自有所不得不爲而撙節休息之意卽於此可見觀一邑可以知天下矣志建置

城池

英山縣城前無可攷元至元十五年築土城周三里後圮以倚山帶河爲險不復議築明成化間知縣徐剛令民沿河植柳以蔽弘治十二年盜起主簿徐璋承檄重築高一丈二尺濶五尺設

五門東曰迎暘西曰聚悅南曰來薰北曰拱辰東北曰通衢獨缺東南隅因河爲濠嘉靖十九年知縣歐陽祥龍嫌西南水去不足衛城且地形弗吉累石爲隄障之邑甚賴焉明末寇賊蹂躙遷徙不一

國朝仍復舊治然河水泛漲隨築隨圮惟藉民房環衛四面設柵門而已乾隆十四年署知縣王既卜以西北一面空缺築垣六十餘丈重葺四門城樓表其額東曰慶春西曰寶成南曰迎薰北曰拱宸

公署

縣署在東門德化坊元初邑人知縣段朝立創建後燬於火明洪武三年知縣朱陵重建天順五年知縣朱璵重修規制具備明末寇燬無遺
國朝順治二年知縣申鍾靈始蒞任僑治於同義里後仍入縣中改察院爲縣署以舊署爲典史衙雍正四年知縣趙宗貝以縣署立向不善悉改置之十四年署知縣王毓卜建申明亭土地祠十八年署知縣李春明因紳士呈請自趙令改署後案牘煩巨重行改建仍復舊向中爲大堂

三楹內暖閣外遊亭三間東庫一間西庫一間前列甬道甬道旁東吏禮刑書吏房五間西戶兵工書吏房五間又東西班房各一間前爲儀門樓三楹外東福德祠三間西祿位祠三間儀門前頭門樓三楹外左旌善亭三間右癉惡亭三間又前爲照壁大堂後宅門三間廂房二間宅門內二堂三楹後三堂三楹東書室一間西書室一間後四堂三楹左右廂房各二間三堂東院內住宅五間自此五間以下俱係舊屋未經改造東側屋三間前兩廂共四間庫樓一座後住宅上三間兩耳

房各一間住宅前東廚屋三間左右耳房六間

二堂側自西迤北環列倉屋見倉廒

典史衙在縣治西即舊縣署中大堂三間班房二

間前爲儀門又前爲頭門堂後住屋三間西横

書房二間後廚屋一間班房上首福德祠一間

巡檢司原在七引店己圯廢今議移駐署賃民居俟詳請興建　僧會司縣治北今改長石寺

道會司　醫學　陰陽學　惠民藥局久廢

察院舊縣治東今爲縣署　義館縣治西今廢

金家舖公館在金家舖東嶽禪院內大殿側乾

隆十九年金姓紳士捐合族公基一所創建內

住宅二間中大廳三間前天井外照壁一座俱
僉共捐造監生金掄督監修

倉厫

常平倉 在縣署側西北原建倉厫二十八間內
土倉十間板倉十八間共七座
雍正十二年知縣趙宗貝奉 文添建仮倉一
十井間共四座
乾隆五年知縣童弘先奉 文添建土坯倉二
十間共三座
十三年知縣董良鄰奉 文添建土坯倉二十

閣共三座

社倉　乾隆二年知縣鄭龜峯　文建　造社倉六間　一在安仁里彭家畈倉二間　一在廣聚里雷家店倉二間　一在同義里七引店倉二間

五年生員段柱捐建社倉一間在安仁里白羊山　邑民徐大椿捐建社倉一間在廣聚里東庄畈

十六年邑民袁貴臣捐建社倉二間在廣聚里佛樓墩

二十年知縣張海詳請添建社倉十間　一在

安仁里山溪坳倉二間　一在廣聚里草棚地倉三間

一在同義里孔家坊倉四間

存留倉儀門左久廢

預備倉久廢

街巷

十字街　後街

上河街　下河街

新街　德化街

仁政街　政平街

青雲街　小南門街

小北門街　營房街

錢鑪巷　隍廟巷

土地巷　盛家巷

蔣家巷　程家巷

馬家巷　二南巷

坊表

承流　宣化

嘉應　仁政

興化　澗芳

[illegible]

學士坊為唐沈佺期立在黃連冲有聯云臨州管轄三千里英虞碑樓第一家久廢

青雲為明進士張禧劉魯舉人段瓌等一十三人立廢

清卿為明太常卿金中則立在西門廢

義坊明義民徐滄游涓賑濟勅立義門廢

節烈坊四一在北門乾隆十一年為胡晃氏立一在河坪為盧江氏立一在孔家坊為沈鄭氏立一在劉家嘴為劉余氏立

舖遞

總舖縣治前十五里至

二舖蔡家坊十五里至

三舖孔家坊十五里至

四舖金家舖十五里至

五鋪花橋鋪十五里至
六鋪七引鋪十五里至
七鋪石壁鋪十五里至
八鋪硤口鋪十五里至
九鋪界嶺鋪過此接霍山縣鋪遞

里甲

英山縣里甲宋元無攷明洪武間分爲三鄉一十七里在城一里同義八里安仁六里廣聚十二里有坊有都有圖至萬曆四十八年蛟水爲災田地漂沒遺沙糧數百頭人多逃散至崇禎八

年役流徙逃□加以旱蝗□□戶口散亡

國朝定鼎編爲三里三十甲

孫樓鄉同□里（□□治□北）十甲　一都十圖六十保

一都一圖金家舖　一都二圖花橋舖

一都三圖葑華畈　一都四圖孔家坊

一都五圖夾舖傳家塝　一都六圖獅子墈

一都七圖五顯廟石頭嘴

一都八圖洪口舖張家嘴

一都九圖父子嶺　一都十圖西界嶺

八里山保（縣北五十里）　北湯河保（縣北五十里）

欒家壠保縣北四十五里　金家冲保縣北四十五里

黄泥墻保縣北四十五里　金家舖保縣北四十里

葉家崗保縣西北八十里　曾家畈保縣北一百里

陳家冲保縣北七十里　程章河保縣東北八十五里

大石頭灣保縣東北八十五里　花屋灣保縣東北八十五里

茆草畈保縣北八十里　長嶺崗保縣北九十里

大屋冲保縣北八十里　爛柴溝保縣西北九十里

余家灣保縣北六十里　土地崗保縣北六十里

紫欄冲保縣西北四十五里　孔家坊保縣北三十里

鮑家舖保縣北四十里　中界嶺保縣北一百二十里

[illegible] 縣北三十里　龍潭河保 縣北四十里

砄口鋪保 縣北一百里　黃龍山保 縣西北九十里

馬家畈保 縣北三十二里　林家冲保 縣北三十五里

黃連冲保 縣北四十里　父子嶺保 縣西北四十里

新舖保 縣西北十五里　西界嶺保 縣北一百四十里

張百樓保 縣北一百二十里　栗樹嘴保 縣北一百三十里

方家灣保 縣北七十里　傅家橋保 縣北六十五里

甘家冲保 縣北六十里　夾舖保 縣北六十里

土門潭保 縣北五十里　大河冲保 縣北一百二十里

橫河保 縣北一百里　吳家山保 縣北一百一十里

河沿套保 縣北九十五里　葉家畈保 縣北九十里

竹坳頭保 縣北二十里　祠堂畈保 縣北二十里

王家畈保 縣北二十八里　樊家冲保 縣西北三十五里

休州畈保 縣西三十里　汪家鋪保 縣西北五十里

清正街保 縣北九十里　周家畈保 縣北八十五里

腰磨畈保 縣北九十里　楊家莊保 縣北九十五里

大坳溝保 縣北一百里　後花園保 縣北九十里

葉家山保 縣東北一百一十里　八仙嶺保 縣南三十里

芭茅冲保 縣北八十里　宋家河保 縣南二十五里

三吳鄉安仁里 縣治南四分之三 縣治北西分之一 十甲 十三都 十圖 四十

三都一圖本城彭家嘰　三都二圖百丈橋

三都三圖茏寺前　三都四圖方家觜

三都五圖金盆地　三都六圖陶家坊

三都七圖賀家橋　三都八圖大畈河

三都九圖鷄兒河　三都十圖北冲河

彭家畈保縣南二十五里　塔見畈保縣南二十五里

龍潭畈保縣東南四十里　金家橋保縣南三里

周家河保縣南十里　北冲河保縣東南三十里

羅塘坳保縣南三十五里　閔家河保縣南三十五里

界河保縣南四十里　青龍[illegible]保縣南四十里

劉家園保縣南五十里　麻園墩保縣南三十里

尾寺前保縣南三十五里　鷄公石保縣南四十里

吳山寺保縣南四十里　火田冲保縣南四十里

方家嘴保縣南三十五里　龍潭河保縣南三十五里

陶家坊保縣南十里　老屋灣保縣南四十里

朱家灣保縣北七里　龔家坊保縣西十五里

蔡家坊保縣北十五里　兩河口保縣西五里

落梨河保縣西十五里　西湯河保縣西五里

長冲保縣南五里　西畈保縣南十五里

大陂河保縣南十五里　石河冲保縣南二十里

白沙舖保縣南四十里　茶園保縣南三十五里

赤波嶺保縣南四十五里　鷄兒河保縣南四十里

四路橋保縣南四十里　上馬坳保縣東一里

高家橋保縣東五里　皂角樹保縣南一里

王家臺保縣西十里　南冲畈保縣西十里

英山縣廣聚里縣治東北十甲二都十圖廣聚里不足十甲撥同里九甲之餘並[illegible]田寄庄地湊成一甲寄三十五保止止納糧承不當差入考

二都一圖鐵爐坳　二都二圖東庄畈

二都三圖茶園嶺　二都四圖滿溪坪

二都五圖丫口石　　二都六圖馬鞍山

二都七圖雷家店　　二都八圖筆架山

二都九圖蕭家河　　二都十圖柳林關

灌溪冲保縣東四十里　　鐵爐坳保縣東三十五里

王家河保縣東三十里　　黃泥畈保縣東三十里

隘口嶺保縣東四十里　　過路灘保縣東北六十里

茶園河保縣東北三十里　　古縣保縣北二十五里

百淵河保縣東五十里　　柳林河保縣東十五里

查壁河保縣東十五里　　烏木冲保縣東十里

夾鋪保縣東二十里　　芭茅街保縣東二十里

霄家店保縣東北四十五里　龍家套保縣東北五十五里

大閘冲保縣東北四十里　汪家山保縣東北五里

萬家冲保縣東北四十五里　蕭家河保縣東九十里

紅花嘴保縣東九十五里　門檻嶺保縣東一百三十里

桃花冲保縣東一百二十里　草棚地保縣東北十五里

西磧河保縣北一百里　栗子坪保縣東四十五里

朱家山保縣東北五十里　東岳畈保縣東四十里

土門河保縣東五十里　陶家河保縣東七十里

板場坳保縣北五十里　滿溪坪保縣東北七里

許家河保縣東北十五里　鄢家坳保縣西北四十里

詹家河保縣東北八十里

按英邑三里照賦當差惟廣里之十甲獨名曰寄庄一切雜泛差徭概不與及溯厥由來蓋因羅邑張方饒葉敷姓三十二丁籍係羅田產置英邑既不便相冒應考公議止納英糧不當英役迨後外來之人既居英地置有英業亦辦不役之例列入寄庄甲內相沿至今未經分晰[illegible]定洵屬苦樂不均今細查該甲除實係寄庄[illegible]戶仍循舊外其人業俱在英地而不附籍者[illegible]八十二戶計正米三十六石有奇自乾隆丙[illegible]

年爲始一例附籍編立成冊以均差役日後增
住年以果符定例亦準一體收考永爲定案

鄉鎮 村集亦有稱鎮 今俗統稱曰鋪

同義里

竹坳頭 北同義里地 南安仁里地
金家鋪 縣北四十里
夾鋪 縣北六十里
七引司鋪 縣北七十里
小石頭嘴鋪 縣北八十里
程章河鋪 縣北九十里

孔家坊鋪 縣北三十里
土門潭鋪 縣北五十里
傅家壩鋪 縣北六十里
茆草畈鋪 縣北七十五里
石頭嘴鋪 縣北八十五里
清正街鋪 縣北九十五里

硔口鋪縣北一百里　新店縣北四十五里

界嶺鋪縣北一百二十里以上通霍山　曾家畈鋪縣北一百二十里

西界嶺鋪縣北一百四十里二處通六安州霍邱縣

韓婆墩鋪縣北四十里　父子嶺鋪縣西四十里

汪家鋪縣西五十里　新鋪縣西北三十里以上通羅田縣

安仁里

河東街　河南街

陶家坊鋪縣南十里　彭家畈鋪縣南二十里

崇山鋪縣南三十里　大畈河鋪縣南十五里

鷄兒河鋪縣南四十里　方家嘴鋪縣南三十里以上通蘄州

廣濟里

白坊嶺鋪縣東十里　柳林河鋪縣東十五里

夾鋪縣東二十里　楊家橋鋪縣東二十里

丫口石鋪縣東二十五里　芭茆街鋪縣東二十八里

桐子坳鋪縣東二十五里　王家河鋪縣東二十三里

鐵爐坳鋪縣東三十五里　隘口嶺鋪縣東四十里以上通六

湖路　楊柳灣鋪縣東三十里

栗子坪鋪縣東三十五里　雷家店鋪縣東四十五里

過路灘鋪縣東北六十里　柳林關鋪縣東北北十五里

英山縣志　卷之五

樅樹坪舖縣東北七十里　草棚地舖縣東北九十五里

界嶺舖縣東北一百里

以上通霍山路

郵典

養濟院舊在北門外後廢雍正元年知縣趙宗吳捐建草屋三間地基係生員李世爛捐

育嬰堂在雞鳴山下廢

漏澤園在縣治北三里石堰頭上後廢雍正五年知縣趙宗吳清查復置

義塚有二一在北門外一在西門外

英山縣志卷之五終

英山縣志卷之六

知縣錢塘張　海重修

學校　義學　名宦鄉賢忠孝祠附

尊聖重道至我

朝而極矣內則心源遙接敬事有加外則躋於百代

隆事增美於禮制飭盡無可復議暨乎府廟學

宮教育多士敷宣文治壽考作人亦皆超越漢

唐比隆三代雖偏隅一邑而宮墻所在或拜進

卜遷或積年修建與夫勤政愛民有功茲土之

行勳業光啓後人俱已垂馨俎豆增色山川尤

一方所當紀述者志學校

英山縣學在縣治西元至元十五年知縣段翊立建後燬於兵明洪武初知縣朱陵重建九年知縣尚賢拓補未備正統間知縣賀完弘治間知縣鄒郛正德間知縣黃流相繼加修嘉靖八年知縣龔孫榮改建於東三十四年知縣李鳳復遷於西隆慶三年知縣葉世行教諭潘晟大加修葺建正殿五間前爲戟門爲宰牲堂爲泮池爲月宮橋爲櫺星門爲祭器庫戟門左右爲名宦鄉賢祠正殿後爲啓聖祠殿左爲儒學大門

爲儀門爲明倫堂堂東爲進德齋西爲修業齋後爲敬一亭爲魁星祠萬歷初知縣胡成賓於左建教諭廳右建訓導廳前爲膳堂爲學倉爲射圃亭天啓三年知縣楊世祿改建北門外崇禎四年署縣事府訓導丁立表復遷城史縣治北寇燬止存　聖廟三間櫺星門三間
國朝順治十一年知縣王兆元復遷縣治西建正殿三間十一年知縣陳震先建明倫堂三間二十三年知縣劉五瓏建東西廡各三間櫺星門改左右名宦鄉賢祠各三間燬後啓聖祠三間三

十七年知縣李澍於學前建屏墻南建魁星樓
四十年知縣林弼教諭吳之驃始改建今學於
北門雞鳴山麓而以舊學宮爲文昌祠學博王
宅正中

先師廟舊爲大成殿明嘉靖九年更今名丹墀前爲露臺下爲拜臺
左東廡五間右西廡五間前戟門三間門左名
宦祠三間右鄉賢祠三間又前爲泮池雍正七年知縣趙宗昊重修池前爲屏墻雍正七年知縣趙宗昊重修戟門兩旁
繞以垣東西爲門各一殿後爲明倫堂五楹兩
旁繞以垣爲義路禮門殿西北爲啓聖祠今改名崇

聖祠三間爲屏墻爲門一間雍正七年知縣趙宗
昦於學前之東捐建雲路坊屏墻西復改向捐
建櫺星門乾隆十一年知縣董良弼於明倫堂
左右添建朝房各一間三年教諭陳益於儒學
門外添設圍墻建東西門先後添建兩學署至
乾隆二十年漸就頹敝楹柱皆傷於蟻知縣張
瀚因紳士呈請重修移崇聖祠與明倫堂相接
建正殿於後正坐雞鳴峰前對文子山衆論僉
同三閲月工竣
教諭署在文昌閣東雍正年教諭李宜瑞重修中

廳堂三間內門屋一間住宅三間俱係舊屋左右廂
房各三間宅西厨房一間堂前三間頭門一間
乾隆二十年教諭方超重修
訓導署在明倫堂後中廳堂五間右修業齋三間
內住宅五間四圍俱儒學舊基
聖祖仁皇帝康熙二十五年奉頒
御書萬世師表匾額
御製至聖先師孔子贊並序
蓋自三才建而天地不居其功一中傳而聖人代宣
其蘊有行道之聖得位以綏猷有明道之聖立言以

並德此正學所以常明而人心所以不泯也學稽往緒仰遡前徽堯舜禹湯文武達而在上兼君師之寄行道之聖人也孔子不得位窮而在下兼删述之權明道之聖人也行道者勳業炳於一朝明道者教思周於百世堯舜文武之後不有孔子則學術紛淆仁義湮塞斯道之失傳也久矣後之人而欲探二帝三王之心法以爲治國平天下之準其奚所取衷焉然則孔子之爲萬古一人也審矣朕巡省東國謁祀闕里景企滋深徹摛筆而爲之贊曰清濁有氣剛柔有質聖人參之人極以立行著習察舍道莫由惟皇建

極惟后綏猷作君作師垂統萬古曰惟堯舜禹湯文武五百餘歲至聖挺生聲金振玉集厥大成序書刪詩定禮正樂旣窮象繫亦嚴筆削上紹往緒下示來型道不終晦秩然大經百家紛紜殊途異趣日月無踰羹牆可睹孔子之道惟中與庸此心此理千聖所同孔子之德仁義中正秉彝之好根本天性庶幾夙夜勗哉令圖遡源洙泗景躅唐虞載歷庭除式觀禮器摛毫御贊心焉遐企百世而上以聖爲歸百世而下以聖爲師非師夫子惟師於道統天御世惟道爲綦山巖巖東海泱泱牆高數仞夫子之堂孰窺其

徐執變其從道不遠人克念作聖

顏子贊曰聖道卓爾天資獨粹約禮博文不遷不貳

一善服膺德未卒化而齊其樂一致禮樂四代

治法兼備用行舍藏王佐之器

曾子贊曰洙泗之傳魯以得之一貫曰唯聖學在茲

明德新民止善爲期格致誠正均平以推至德要道

百行所基纂承統緒修明訓辭

子思贊曰於穆天命道之太原靜養動察庸德庸言

以有萬物以贊乾坤九經三重大法是存篤恭愼獨

成德之門卷之藏之無斁

孟子贊曰哲人既萎楊墨昌熾子輿闢之曰仁曰義性善獨闢知言養氣道稱堯舜學屏功利煌煌七篇並垂六藝孔學攸傳禹功作配

世宗憲皇帝雍正三年奉頒

御書生民未有匾額

今上乾隆三年奉頒

御書與天地參匾額

先師殿

唐開元二十年始正位南面而明嘉靖九年改封號撤塑像題以木主高二尺三寸七分濶四寸

厚七分座高四寸長七寸厚三寸四分朱地金青邊豆用十樂用六佾四配主高一尺五寸濶三寸二分赤地墨書崇聖主同十哲兩廡高一尺四寸濶二寸六分厚五分座高二寸六分長四寸厚二寸赤地墨書

國朝因之每春秋二仲月上丁日致祭先期致齋三日前一日詣所省牲及期黎明郡縣朝服率僚屬師生行三獻禮三跪九叩頭雍正三年詔郡縣丁祭牲用太牢乾隆三年奉部文頒定祭品祝文俱詳於後

四配

復聖顏子

述聖子思子　殿內東旁西向

宗聖曾子

亞聖孟子　殿內西旁東向

十哲

國朝康熙五十一年進朱子次十哲稱先賢乾隆元年進有子次十哲

先賢閔子損　先賢冉子雍

先賢端木子賜　先賢仲子由

先賢卜子商　先賢有子若殿次東西向

先賢冉子耕　先賢宰子予

先賢冉子求　先賢言子偃

先賢顓孫子師　先賢朱子熹殿次西東向

兩廡

國朝康熙五十五年以宋儒范仲淹從祀雍正二年復祀先賢蘧瑗林放秦冉顏何先儒鄭康成范甯等六人增祀先賢縣亶牧皮樂正克公都子萬章公孫丑先儒諸葛亮尹焞黃榦陳淳魏了翁何基王柏趙復許謙金履祥陳澔羅欽順蔡

清陞襲其等二十二人升周敦頤張載程顥程
頤邵雍爲先賢

東廡
先賢蘧瑗　先賢澹臺滅明
先賢原憲　先賢南宫适
先賢商瞿　先賢漆雕開
先賢司馬耕　先賢梁鱣
先賢冉孺　先賢伯虔
先賢冉季　先賢漆雕徒父
先賢漆雕哆　先賢公西赤
先賢任不齊　先賢公良孺

先賢公肩定
先賢罕父黑
先賢左人郢
先賢原亢
先賢叔仲會
先賢邽巽
先賢琴張
先賢秦非
先賢顏何
先賢樂正克

先賢鄔單
先賢榮旂
先賢鄭國
先賢廉潔
先賢公西輿如
先賢陳亢
先賢步叔乘
先賢顏噲
先賢縣亶
先賢萬章

先賢周敦頤　先賢程顥

先賢邵雍　先儒穀梁赤

先儒伏勝　先儒后蒼

先儒董仲舒　先儒杜子春

先儒范甯　先儒韓愈

先儒范仲淹　先儒胡瑗

先儒楊時　先儒羅從彥

先儒李侗　先儒張栻

先儒黃榦　先儒真德秀

先儒何基　先儒趙復

先儒吳澄　先儒許謙
先儒薛瑄　先儒王守仁
先儒羅欽順　先儒陸隴其

西廡

先賢林放　先賢宓不齊
先賢公冶長　先賢公晳哀
先賢高柴　先賢樊須
先賢商澤　先賢巫馬施
先賢顏辛　先賢曹卹
先賢公孫龍　先賢秦商
先賢顏高　先賢壤駟赤

先賢石作蜀　　先賢公夏首
先賢后處　　先賢奚容蒧
先賢顏祖　　先賢句井疆
先賢秦祖　　先賢縣成
先賢公祖句茲　　先賢燕伋
先賢樂欬　　先賢狄黑
先賢孔忠　　先賢公西蒧
先賢顏子僕　　先賢施之常
先賢申棖　　先賢左邱明
先賢秦冉　　先賢牧皮

先賢公都子　先賢公孫丑

先賢張載　先賢程頤

先儒公羊高　先儒孔安國

先儒毛萇　先儒高堂生

先儒鄭康成　先儒諸葛亮

先儒王通　先儒司馬光

先儒歐陽修　先儒胡安國

先儒尹焞　先儒呂祖謙

先儒蔡沈　先儒陸九淵

先儒陳淳　先儒魏了翁

先儒王栢　　先儒許衡
先儒金履祥　　先儒陳澔
先儒陳獻章　　先儒胡居仁
先儒蔡清

祭品

先師正位
制帛一　爵三　牛一
羊一　豕一　登一
鉶二　簠二　簋二
籩十　豆十　酒罇一

四配

每位　制帛一　爵三　羊一

豕一　鉶一　簠二

簋二　籩八　豆八

十二哲

每位　制帛一　爵各一　豕一

鉶各一　簠各一　簋各一

籩各四　豆各四西同

兩廡

東廡　制帛一　爵各一　豕三

□盤一　簠一　簋四

豆四西同

執事諸生一百一十六人

通贊二　引贊十　祝一

拂拭七　陳設十有二　監宰二

瘞毛血七　捧帛九　執爵九

接帛九　接爵九　司□三

司尊三　司樂一　司班次二

司文榜一　司香燭六　司庫一

司厨一　飲福受胙四　司□三

集瘞一　司滌祭器二　撤饌十有

樂舞

樂六奏舞六佾 樂生五十三人 舞生三十八人

麾幡一　敔一　琴六

瑟二　鐘一　磬一

塤二　箎二　鼗二

篪二　管六　簫六

笛六　笙六　搏拊二

應鼓一　工歌六

執節二　佾有三十六

迎神樂奏咸和之曲無舞

大哉孔聖道德尊崇維持王化斯民是宗典祀有常精純並隆神其來格於昭聖容

奠帛樂奏寧和之曲舞

自生民來誰底其盛維師神明度越前聖粢帛具成禮容斯稱黍稷非馨惟神之聽

初獻樂奏安和之曲舞

大哉聖師實天生德作樂以崇時祀無斁清酤惟馨嘉牲孔碩薦羞神明庶幾昭格

亞獻終獻樂奏景和之曲舞

百王宗師生民物軌瞻之洋洋神其寧止酌彼金罍惟清且旨登獻於三於嘻成禮

徹饌　樂奏咸和之曲無舞

犧象在前豆籩在列以享以薦既芬既潔禮成樂備人和神悅祭則受福率遵無越

送神望瘞　樂奏咸和之曲無舞

有嚴學宮四方來宗恪恭祀事威儀雍雍歆格惟馨神馭還復明禋斯畢咸膺百福

祝文

具官某等敢昭告於

至聖先師孔子曰惟
師德配天地道冠古今删述六經垂憲萬世維茲仲
春秋謹以牲帛醴齊粢盛庶品式陳明薦以
復聖顔子
宗聖曾子
述聖子思子
亞聖孟子配尚
饗

崇聖祠

明嘉靖十年倣建啓聖祠祀　叔梁紇題曰啓

聖公孔氏神位以先賢先儒從祀

國朝雍正元年加封　孔子五代王爵改啓聖祠為

崇聖祠增宋儒張廸從祀丁祭日五鼓[illegible]

縣率屬先祭崇聖祠正殿行三獻[illegible]三[illegible]九 門[illegible]

肇聖王木金父

裕聖王祈父

詒聖王防叔

昌聖王伯夏

啓聖王叔梁紇

配位

先賢顏無繇

先賢孔鯉　皆西向

先賢曾點

先賢孟激　皆東向

從祀

先儒周輔成

先儒程珦

先儒蔡元定　皆西向

先儒張迪

先儒朱松　皆東向

祭品

正位

每位制帛一　爵三　[illegible]一

豕一　鉶一　簠二

簋二　[illegible]八　豆八

酒[illegible]一

配位

[illegible]二　豕首一　每位爵三

[illegible]一　盞一　[illegible]四

[illegible]　豕肉一

[illegible]記

制帛[illegible]　鉶位爵一　豕帶簠一

[illegible]一　籩四　豆四

[illegible]首一

祝文

具官某等敢昭告於

肇聖王木金父公

裕聖王祈父公

詒聖王防叔公

昌聖王伯夏公

啓聖王叔梁公曰恭惟

先王造家濬哲毓瑞文明五世其昌大儒宗於洙泗

千秋不朽隆祀事於彝章維茲仲春秋謹以牲帛

醴齊粢盛庶品式陳明薦以

先賢顏氏

先賢曾氏

先賢孔氏

先賢孟孫氏配尚

饗

文昌閣在縣治西舊儒學故殿康熙五十八年知

縣張顯遇改建樓三間每歲春秋仲月上丁日
繼文廟致祭牲用羊豕祝云惟　神權衡詩
籍文章司命時當仲春秋牲醴仲敬凡我多士爾
其有成尚　饗　按乾隆三年所頒英邑各祀[illegible]注文昌閣未經開列下魁樓[illegible][illegible]
魁星樓在西門同文昌閣致祭祝云惟　神[illegible][illegible]
流綵翊我文明茲當仲春秋用伸虔誠羣英待[illegible]
仰惟神功尚　饗

碑文

明洪武年間頒行臥碑

朝廷建立學校選取生員免其丁糧厚以廩膳

設學院學道學官以教之各衙門以禮相待全要養成賢才以供朝廷之用諸生皆當上報國恩下立人品所有條教開列於後

一今後府州縣學生員若有大事干於己家者許父兄弟姪具狀入官辨别若非大事含情忍性毋輕至公門

一生員之家父母賢智者少愚癡者衆其父母賢智者子自外入必有家教之方子當受而無違斯孝行矣何愁不賢者哉其父母愚癡者作爲多非子既讀書得聖賢知覺雖不精通實愚癡

父母之幸獨生是子若父母欲行非爲予自外
入或就內知則當再三懇告雖父母不從致身
將及死地必欲告之使不陷父母於危亡斯孝
行矣

一軍民一切利病並不許生員建言果有一切軍
民利病之事許當該有司在野賢人有志壯士
質樸農夫商賈技藝皆可言之諸人無阻當惟
生員不許

一生員內有學優才贍深明治體果治何經精通
透徹年及三十願出仕者許敷陳王道講明治

化述作文詞呈稟本學教官考其所作果通性理遂僉其名具呈提調正官然後親賫赴京奏聞再行面試如是眞才實學不待選舉即時錄用

一爲學之道自當尊敬先生凡有疑問及聽講說皆須誠心聽受若先生講解未明亦當從容再問毋恃己長妄行辯難或置之不問有如此者終世不成

一爲師長當體先賢之道竭忠教訓以導愚蒙勸考其課撫善懲惡毋致懈惰

一提調正官務要常加考校其有敦厚勤敏撫以進學懈怠不律愚頑奸詐以罪斥去使其學者為良善斯為稱職矣

一作野賢人君子果能練達治體敷陳王道有關政治得失軍民利病者許赴所在有司告給文引親賫赴京面奏如果可采即便施行不許坐家實封入遞

一前件事理仰一一講解如有不遵並以違制論

國朝順治九年頒行卧碑文首同前

一生員之家父母賢智者子當受教父母愚魯或

其子既讀書明理當再三懇告使父母不
陷於危亡

一生員立志當學為忠臣清官書史所載忠清事
跡務要互相講究凡利國愛民之事更宜留心

一生員居心忠厚正直讀書方有實用出仕必作
良吏若心術邪刻讀書必無成就為官必取禍
患行害人之事者往往自殺其身常宜思省

一生員不可干求官長交結勢要希圖進身若果
心善德全上天知之必加以福

一生員當愛身忍性凡有司官衙門不可輕入

有切己之事止許家人代告不許干與他人詞訟他人亦不許牽連生員作證

一爲學當尊敬先生若講說皆須誠心聽受如有未明從容再問毋妄行辯難爲師者亦當盡心教訓勿致怠情

一軍民一切利病不許生員上書陳言如有一言建白以違制論黜革治罪

一生員不許糾黨多人立盟結社把持官府武斷鄉曲所作文字不許妄行刊刻違者聽提調官治罪

御製學校論　康熙二十三年頒

治天下者莫急於正人心厚風俗其道在尚教化以先之學校者教化所從出將以納民於軌物者也是以古者家有塾黨有庠術有序國有學人生八歲自王公以下至於庶人之子弟皆入小學及其十有五年則自元子衆子以至公卿大夫元士之適子與凡民之俊秀皆入大學蓋自家至於國莫不有學自天子至於庶人莫不學自幼至於長莫不皆學凡學有詩書禮樂以爲之本干戈羽籥以爲之文父子君臣長幼之道於是焉觀之六德

六行之教於是焉取之所以淑其耳目手足之衆指而養其心以復其性以為修己治人之大者可謂備至矣是以當時之君子履信思順以事其上小人亦皆樂循禮而恥犯法侯撻不事而至治以興後世學校浸廢博士之途浸繁所以立教之方異先王之遺意士之遊其中者直以為利祿之階欲其道德之一詎不難哉且夫今之所謂教者詞章而已矣而又非實致其力以防其放僻邪侈之心使氣之充而職之明以漸求復其性其何以為修己治人之道哉故曰教隆於上化成於下教

不明於上而欲化成於下猶御行而求前也教化者爲治之本學校者教化之原欲敦隆教化而起學校者其道安在在務其本而不求其末尚其實而不務其華以内行爲先不汲汲於聲譽以經術爲要不屑屑於文辭如是則於化民成俗之道庶乎其有當也夫

御製訓飭士子文 康熙四十一年頒

國家建立學校原以興行教化作育人材典至渥也朕臨御以來隆重師儒加意庠序近復慎簡學使釐剔弊端務期風教修明賢材蔚起庶幾棫樸

臣

作人之意乃比年士習未端儒效罕著雖因內外臣工奉行未能盡善亦由爾諸生積錮已久猝難改易之故也茲特親製訓言再加警飭爾諸生其敬聽之從來學者先立品行次及文學學術事功原委有敘爾諸生幼聞庭訓長列宮牆朝夕誦讀寧無講究必也躬修實踐砥礪廉隅敦孝順以事親秉忠貞以立志窮經考業勿雜荒誕之談取友親師悉化驕盈之氣文章歸於淳雅毋事浮華軌度式於規繩最防蕩軼子衿佻達自昔所譏苟行止有虧雖讀書何益若夫宅心弗淑行己多愆或

惡語流言脅制官長或隱糧包訟出入公門或唆撥姦猾欺孤凌弱或招呼朋類結社要盟乃如之人名教不容鄉黨弗齒縱倖逃褫扑濫竊章縫返之於衷寧無媿乎況乎鄉會科名乃掄才大典關係尤鉅士子果有真才實學何患困不遂年願乃標榜虛名賄通聲氣貪緣詭遇罔顧身家又或改竄鄉貫希圖進取攙凌騰沸網利營私種種弊端深可痛恨且夫士子出身之始尤貴以端著茲厥初拜獻便已作姦犯科則異時敗檢踰閑何所不至又安望其秉公持正為國家宣猷樹績賡後先

踰附之選哉朕用嘉惠爾等故不禁反覆惓惓須
茲訓言爾等務共體朕心恪遵明訓一切痛加改
省爭自濯磨積行勸學以圖上進國家三年登造
束帛弓旌不特爾身有榮即爾祖父亦增光寵公
逢時得志寧俟他求若仍視爲具文玩惕弗儆
毀方躍冶暴棄自甘則是爾等冥頑無知終不能
率教也既負栽培復干咎戾王章具在朕亦不能
爲爾等寬矣自茲以往內而國學外而直省鄉校
凡學臣師長皆有司鐸之責者並宜傳集諸生多
方董勸以副朕懷否則職業弗修咎亦難逭勿謂

聖言之不頂也爾豈必藏聽之哉

書籍

御纂周易折衷貳部肆函　十三經拾貳函

御纂尚書傳說貳部肆函　廿一史伍拾函

御纂詩經傳說貳部肆函　明史拾貳函

御纂春秋傳說貳部捌函　性理精義貳部

日講四書解義貳部　朱子全書貳部

御批通鑑綱目貳部　學政全書一部

御製樂善堂集貳部　駁呂留良四書講義

日知薈說貳部

欽定四書文貳部

上諭壹函

祭器

籩六十　豆六十

錫簠十八　錫簋十八

錫爵十五　以上係雍正年知縣趙宗見置

錫鉶二　重三斤十四兩　錫簋四　每件重二斤六兩

錫盤四　每件重二斤二兩　錫爵十五　每枝重五兩

黃綾紬帳一　以上係乾隆年知縣鄭重置

試額

歲科兩試每試文童入縣學十二名州學十一名與霍山輪派歲試武童入學八名

英山距州道遠山徑崎嶇童生赴考艱於跋涉乾隆十一年知縣韋良弼詳州請於學院按臨之時先期州試試畢即應院考省其一次往返經州批准詳院存案永遠遵行十四年署知縣王醼卜據諸童稟詳州勒石試院以垂久遠

學田地

一蓮花山下田順治十七年按院衛公貞元置

一李樹坳田順治十八年按院何公可化置

以上二處共收租稻伍拾石租斛六斗爲一石實折倉斛四十石倉斛八斗爲一石雍正十一年奉撫以七石陸斗完賦一十一石二斗貲給貧生餘二十一石二斗變價解安慶府爲安慶書院之資係本縣收解

一滑家沖田三畝八分七釐一毫二絲　租九石

一應壠灣田一畝三分四釐九毫三絲　租三石

一爛柴溝田三畝七分四毫七絲　租十石

一腰磨畈田五畝二分一毫　租十石

一乾塘塝地一分　納黃豆三斗折稻三斗

一茅扎壠田六分八厘四毫　租伍石

一鐵匠灣田三畝三分六厘八毫　租拾石

一僕家山田三畝五分三厘六毫四絲　租七石三斗

一善福橋田六分七厘三毫六絲　租八石

一張塘㘭田七畝四分　租十八石

一曹家山田五畝二分一厘一毫　租五石

一賀家橋田三畝　租六石三斗

一豪果山田一十四畝七厘二毫八絲　租四十石

一南冲田

一春風嶺田八分　租二石

以上學田十五處共六十一畝七釐二毫共收租稻黄豆所折三斗任外一百四十六石租斛六斗爲石實折市斛市斛十斗爲石八十七石六斗內完正賦銀六兩二錢二分九釐一毫四絲月米六斗二升解學租銀二十兩仍歸儒學收解

義學

德造義學即舊義學在文昌湖西後橫屋三間中爲堂三楹前門樓一座今爲講堂堆柴處乾隆二十年知縣張海重修

凌雲義學在東門河外徐家塝中爲堂五楹[illegible]南北廂房各三間又北橫屋四間前爲門門左右屋各二間學前左側有池雍正七年知縣趙宗炅建後橫屋頹廢乾隆十六年知縣陳步青重建三間臨池結小屋二間

社學二　一在總鋪西孝行坊　一在城隍廟東明末俱廢

湖山書院在縣南五里金家橋明舉人夏瓚置今廢

志學書院在英山鄉瀟家河明貢生蕭儀置今廢

義學田

一徐家塝義學前七畝一分

一王家壠義學西南八里一十七畝三分

俱雍正年知縣趙宗旲捐置

義田

一施家湖枝子畈田一十九畝

乾隆二十年邑原任大同府同知鄭元昆捐爲合

邑童生歲科兩試及季考觀風卷資

各祠附　乾隆三年所頒儀注祝文　各祠未經開入今仍其舊

名宦祠在戟門左歲以春秋仲月上丁日繼　文

廟致祭主位十其洛憲通祀一省者八茲不具

誠

明知縣高公諱在嵩

國朝知縣史公諱良植

按前志不載祠祀州志英山各祠惟鄉賢列張劉二公餘亦缺如舊稿名宦祠祀知縣李公瑄胡公咸賓主簿李公杰而不及二公蓋今祠所設主位亦係沿舊非有定論姑記於此以俟考核

祝文亦係仍舊下同

惟公善教淑士善政惠民功在當時澤流後

人感念不置俎豆常新今茲仲春秋謹以牲帛禮

齊用伸崇薦尚　饗

鄉賢祠在戟門右祭月同名宦主位三

元　舊作宋見傳中　論知縣邑人段公諱朝亢

明　參政張公諱子貞

戶部主事劉公諱會

按州志及舊稿祠祀俱止列張劉二公見各志

朝亢俱傳列名宦不應復祀鄉賢餘見本傳

祝文

惟　公博學宏才德隆望重樹績於國著名於

時隱顯不同咸歸於道今茲仲春秋謹以牲帛醴
齊用冲耑薦尚　饗

忠義孝弟祠在儒學西內堂三間前門樓一座歲
以春秋仲月上戊日繼　社稷壇致祭未設王
位

祝文

惟　公學優質美竭力致身大節不一均爲偉
人存既可仰歿則宜禮今茲仲春秋謹以牲帛醴
齊用伸耑薦尚　饗

節孝祠在忠義孝弟祠西內堂三間前門三間祭

日同主位二

國朝節孝胡吳氏

沈鄭氏

祝文

惟

靈簪纓淑女巾幗賢媛矢志靡他白首全

松筠之操視死如脫碧血爭日月之光苦節堪

嘉貞風宜錄今茲仲春秋謹以牲帛醴齊用伸崇

薦尚　饗

英山縣志卷之七

典禮

知縣錢塘張　海重修

祀事所以安民也禮制所以敎民也古聖王貴農重穀春祈秋報故諸侯皆得祭其境內社稷山川與夫前哲有功於民者皆以使之崇德報功而民和降福則風雨時若災癘不生休徵所應可考而知也於是又導之以禮使皆禀於上天下澤之分興其尊君親上之心儀文末節具有深意存焉雖典禮通乎天下非一邑之所紀

然日月經天容光必照蠡測管窺亦未可盡廢

也志典禮

祀典

文廟　文昌閣　魁星樓　名宦祠　鄉賢祠

忠義孝弟祠　節孝祠俱見學校

社稷壇舊在縣北門外久廢康熙四十二年知縣

林弼重建橫直各五丈周圍二十丈歲以春秋

仲月上戊日致祭知縣朝服率僚屬行三獻禮

三跪九叩頭

祝文

具官某等敢昭告於

縣社之神　縣稷之神　曰惟

神品物資生蒸民乃粒養育之功司土是賴維茲仲

春秋謹以牲帛醴齊粢盛庶品用伸常祭尚

饗

風雲雷雨山川壇舊在南門外傍河今改建蕭

公潭舊八蜡祠地橫直各五丈周圍二十丈歲

以春秋仲月上戊日致祭如社稷壇

祝文

具官某等敢昭告於

境內山川
風雲雷雨之神曰惟
本境城隍
神妙用神機生育萬物奠我民居足我民食惟茲仲
春秋禮宜報祀謹以牲帛醴齋粢盛庶品用伸常
祭尚
饗

先農壇舊在東門外小教場坪耤田四畝九分
國朝雍正四年奉　文設立乾隆十五年殿宇被水
沖塌田亦沖壓十八年改建於北澗河內殿宇
三間壇一座横直各五丈前門樓一座樹廧[illegible]

十九丈二尺地基係生員夏日灯捐耤田一抄
生員李世炯捐置祭期每歲須行定以巳時致
祭午時耕耤至期知縣朝服率僚屬行三獻禮
三跪九叩頭禮畢更蟒袍耕耤行九推禮畢望
闕謝
恩

祝文

具官某等致祭於
先農之神曰惟
神肇興農事永足民天茲當東作之時式舉耤田

禮所祈佑茲嘉種錫我豐年謹以牲帛醴齊用
伸虔祭尚
饗
厲壇舊在縣北長石寺前廢康熙四十一年知縣
林弼改建於北門外官道旁橫直各二丈五尺
周圍十丈每歲清明日七月望十月朔三次致
祭先期牒告城隍廟至期迎神位於壇以為主
知縣官補服行四拜禮旁列無祀鬼神分另東
西致祭
先期牒城隍告文

維某年某月某日某州某縣某官臣某某等遵奉
皇帝聖旨普天之下后土之上無不有人民無
不有鬼神故勅天下有司依時享祭命本處城
隍以主此祭鎮壓壇場鑒察諸鬼等類其中果
有生爲良善悮遭刑禍死於無辜者神必達於
所司使之還生人世以享太平之福如有素爲
凶惡雖獲善終亦出僥倖者神當達於所司除
之物類善惡之報神必無私欽奉如此今某某等
不敢有違謹於某年月日於城北設壇置備牲
醴羹飯享祭本縣無祀鬼神等衆幽冥異境人

力難爲必藉神功庶得感動今特移文於神先
明分遣諸神召集本縣闔境鬼神等衆至日悉
赴壇所普享一祭神當欽承勅命鎮壓壇場從
私昭報爲此云云

祝文

具官某等致祭於

本縣城隍之神曰切惟

神依人而饗血食人藉神而知禮節欽奉

聖旨憐念普天之下后土之上無不有人無不有鬼
人鬼之道幽明雖殊其理則一故

神祇及天下山川省城各府州縣祭境內山川及祀典神祇庶民祭其祖先及里社土穀之神上下之禮各有等第此祀神之道如此尚念冥冥之中無祀鬼神昔爲生民未知何故而殁其間有遭兵刃而横傷者有死於水火盜賊者有被人取財而逼死者有被人强奪妻妾而死者有遭刑禍而負屈死者有天災流行而疫死者有爲猛獸毒蟲所傷害者有爲饑餓而凍死者有因戰鬭而殞身者有因危急而自縊者有因墻

罹傾頹而壓死者有死後無子孫者此等鬼魂或終於前代或殁於近世或兵戈擾攘流移於他鄉或人烟斷絶久缺其祭祀姓名泯没於一時祀典無聞而不載此等孤魂死無所依精魄未散結爲陰靈或依草附木或作爲妖怪悲號於星月之下呻吟於風雨之時凡遇人間節令心思陽世魂杳杳以無歸身墮沉淪意悲悲而望祭興言及此憐其慘悽欽遵如此不敢有違謹設壇於某處仍迎

尊神以主此祭鑒兹中元某某節届羣備牲醴羹飯專

祭本縣闔境無祀鬼神等衆靈其不昧來歆此

祭尚

饗

關帝廟舊在西門乾隆十四年知縣王豫卜改建

文昌閣東中正殿三楹後殿三楹東廂房二間

前過亭三楹又前門樓三間

國朝雍正三年加封三代公爵八年　詔關帝並三

代公爵照　文廟崇聖祠例春秋二仲及五月

十三日一體致祭至期知縣朝服率僚屬先祭

後殿二跪六叩頭前殿三跪九叩頭俱行三獻禮

祝文

具官某等敢昭告於

關聖帝君之神曰惟

神忠昭日月義凛乾坤扶植人倫溯英風於廟貌

表揚正氣隆盛禮於明禋維茲仲春仲秋誕辰謹以牲帛

醴齊用伸時虔祭謹

告

後殿祝文

具官某等謹以犧牲幣帛之儀敢昭告於

勅封光昭公

勑封裕昌公

勑封成忠公之神曰惟

神世篤忠貞誕生神武綱維宇宙昭奕葉之貽謀

俎豆春秋尙

禋朔之職典溯鍾祥於所自用備物以薦馨尙

饗

火神廟在北門殿宇三間前門樓一座每歲六月

二十三日誕辰致祭知縣官補服行一獻禮二跪六叩

頭

祝文

具官某等致祭於

司火之神曰惟

神位正南離權司長夏六府修而功成既濟四序

纖而用倍明時佐烹飪以攸資人安耕鑿歛抑

光而無警戶樂熙恬荷

神貺以清寧潔明禋於牲醴尚

饗

八蜡廟在南門外蕭公渾歲以臘月上戊日致祭

知縣官補服行一獻禮二跪六叩頭乾隆十一年奉

文停祭廟亦圮今其地改建南壇

祝文

具官某等敢昭告於

八蜡之神曰嘉種百穀天施地生耕耘收獲惟

神之靈無災無害乂用乃成報功崇本享祀茲芬

四方九土來格來歆尚

饗

劉猛將軍廟在西門中正殿三楹東西廂房各一

間後重三間前門樓一座祀宋劉公錡川縣[illegible]宋理宗封揚威侯

天曹猛將之神載怡菴雜錄

國朝雍正二年飭祀每歲長至後第三戌日并正月

十三日致祭知縣官補服行一獻禮一跪三叩頭

祝文

具官某等致祭於

劉猛將軍之神曰惟

神夙昭勇畧懋著靈威功珍螟蝗惠周原隰肅明

禋而備物兆嘉既於豐年維茲誕辰季冬謹以牲帛

醴齊用伸虔祭尚

饗

城隍廟在西門中正殿五間後重五間西廂屋五

間前門樓三楹乾隆二年知縣鄭重修建二十

年知縣張海改建大殿三楹遊亭三間兩廡一座神祀未詳所始明洪武三年敕封縣城隍爲鑒察司民顯佑伯三年定禮制去封號止稱某縣城隍之神歲無特祀春秋二仲合祭於山川壇厲祭則迎神主之新官到任必與神誓水旱災眚先牒告而後立壇祈禱焉

旗纛神每歲霜降日與衙門同致祭

馬神廟在火神廟後

土地祠在縣治內

二程祠在城隍廟後

忠臣祠在儒學東為戶部主事劉會死國難立

獄神祠

禮儀

慶賀　順治年定　元旦　冬至

萬壽節在外直省文武官設香案具朝服望

闕行三跪九叩頭禮

康熙二十三年定　元旦令節七日　上元節

三日

皇太后萬壽七日

皇上萬壽七日

皇后千秋一日俱穿朝服不理刑名
雍正八年例朝賀之期州縣用教官一員糾儀
齋戒　各壇廟祭享齋戒日期不理刑名　忌辰
素服一日不理刑名不報祭還願宴會作樂
每月初一初二日不理刑名正月初九二月十
五日不宰牲四月初八日不宰牲不理刑名

開讀

詔到文武各官至城外路旁跪迎來使將
詔捧入　龍亭內各官排列進城至縣署供設行三
跪九叩頭禮禮生上臺開讀跪聽宣讀畢行謝

恩禮

宣講

聖諭十六條康熙二十四年通行鄉約月吉申讀如

古讀法之禮察其勤怠以課殿最雍正二年

御製萬言廣訓頒行天下每月朔望各官齊集公所

恭迎

聖諭行三跪九叩頭禮擇鄉約登臺宣講乾隆元年

通行地方官於每月朔望宣講後將現行律例

摘要提綱勤加講解使民知法

迎春　每歲先期造春牛及句芒神其衣笠蔴締

及牛之頭腹諸色視歲建干支所屬立春

日知縣朝服率僚屬農民具采亭儀導迎芒

迎春於東郊祭勾芒神行四拜禮祝曰職司春

令德應蒼龍誕敷化育品彙萌生黍牧是邑具

禮以迎育我蒸庶仰戴神功尚饗迎還至儀門

外土牛南向芒神西向次日立春時各官拜芒

神環牛三匝鞭牛分於農

救日月食　至期知縣朝服同僚屬候陰陽生報

食初虧於大堂行三跪九叩頭禮正印官擊鼓

三匝救護僧道隨行救護再報食盡三報復圓

皆行禮如初

上任 新官先一日謁城隍廟齋戒廟宿次晨至縣署拜儀門行四拜禮易公服至大堂望

闕謝

恩行三跪九叩頭禮拜印行四拜禮始升堂任事

行香 每月朔望詣

文廟行香禮畢升明倫堂與諸生講書次謁 關帝廟

城隍廟回署升公座受參謁

賓興 每値試年縣學官先期就學宫起送諸生

應試者行賓興禮諸生就縣廳事拱揖以次[illegible]

坐行酒張樂肅賓筵知縣及佐貳官正坐陪飲畢以次給送花紅盤纏銀有差辭出赴學宮謁廟行香鼓吹前導諸生升頖池仙橋出學

鄉飲酒　每歲正月十五日十月初一日於儒學行鄉飲酒禮前一日執事者於儒學之講堂依圖陳設坐次司正率執事習禮至日黎明執事者宰牲具饌主席及僚屬司正先詣學遣人速賓僎以下比至執事者先報曰賓至主席率僚屬出迎於庠門之外以入主居東賓居西三揖三讓而後升堂東西相向立贊兩拜賓坐執事

又報曰僎至主席又率僚屬出迎揖讓升堂拜
坐如前儀賓僎介至既就位執事者唱司正揚
觶執事者引司正由西階升詣堂中北向立執
事者唱賓僎以下皆立唱揖司正揖賓僎以下
皆揖執事者以觶酌酒授司正司正舉酒陳說
孝弟忠信敦宗睦隣之道執事者唱司正飲酒
畢以觶授執事執事者唱揖司正揖賓僎以下
皆揖司正復位賓僎以下皆坐唱讀律令執事
者舉律令案於堂之中引禮引讀律令者詣案
前北向立唱賓僎以下皆立行揖禮如前讀畢

復位執事者唱供饌案執事者舉饌案至賓前
次僎次介次主三賓以下各以次舉訖執事者
唱獻賓主起席北面立執事者斟酒以授主主
受爵詣賓前置於席稍退贊兩拜賓答拜訖執
事者又斟酒以授主主受爵詣僎前置於席交
拜如前儀畢主退復位執事者唱賓酬酒賓起
僎從執事者斟酒授賓賓受爵詣主前置於席
稍退贊兩拜賓僎主交拜訖各就位坐執事者
分左右立介三賓衆賓以下以次斟酒於席訖
執事者唱飲酒或三行或五行供湯又唱斟酒

飲酒供饌三品畢執事者唱徹饌候徹饌案訖唱賓僎以下皆行禮僎主僚屬居東賓介三賓衆賓居西贊兩拜訖唱送賓以次下堂分東西行仍三揖出庠而退　坐席高年有德者居上高年淳篤者並之以次序齒主有司位東南大賓致仕官位西北僎賓鄉里年高有德位東北介賓以次長位西南三賓以賓之次者為之位賓主介僎之後除賓僎外衆賓序齒列坐其僚屬則序齒司正以教職為之主揚觶以罰贊禮老成生員為之

英山縣志卷之七　終

英山縣志卷之八

知縣錢塘張　海重修

賦役

明自萬曆中葉履畝增加賦役頻重天崇之季旱蝗薦作兵餉俱繇於是流寇盤踞戶口散亡其幸存於流離鋒鏑之餘者罔亦無幾矣英本瘠土也萬山環之其山又皆粗薄磽确未嘗有材木皮革之利寶藏之興而田畝之賦較重於他邑蓋其時則壤定制謂不毛之山無可作貢隨田均派聊使備正供焉故英邑別無山澤

之賦其舊例也乃前代兵燹土地荒蕪我

國家薄賦輕徭重熙累洽百餘年來田畝猶未復

額地非有曠土也民非有餘力也毋怪明季官

吏虛增頃畝以希報最重之孽蝝爲祟水冲沙

壓困未可按圖索驥矣

聖朝概以除荒免之恩德至優渥也顧歷歲茲久有

司奉行不善墾荒加畝或踵弊風

今上御極之初洞悉其故盡行蠲豁於是窮鄉僻壤

皆得以情上達共安耕鑿可不謂萬世永賴者

哉志賦役

戶口

舊管戶口人丁壹千叁百貳拾伍丁按舊全書刊載原額人丁一萬一千一百三十五丁該銀二千三百六十兩陸錢二分於順治五年審除故絕逃亡人丁一萬五百九十三丁該鉠額徭銀二千二百四十五兩七錢一分六厘將鉠額徭銀均攤原額出地之內帶徵於順治十四年起至康熙十五年止歷次帶編審共增人丁七百八十三丁共增補徭銀一百六十五兩九錢九分六厘補逃亡外仍鉠額人丁九千八百一十丁該鉠額徭銀二千七十九兩七錢二分照數於用畝內帶徵俟下次編審增出徭銀照數於田畝內扣除止見在人丁一千三百二十五丁

新收戶口人丁一千一百三十九丁內康熙十六年起至五十二年止丁冊定爲常額歷次編審增出人丁九百三十九丁康熙五十五年編審增出滋生人

丁一千八丁康熙六十年分編審增出滋生人
丁二十丁雍正四年編審增出滋生人丁二十
丁雍正九年編審增出滋生人丁三十五丁乾
隆元年編審增出滋生人丁三十五丁乾隆六
年編審增出滋生人丁二十二丁乾隆十一年
編審增出滋生人丁二十四丁乾隆十六年編
審增出滋生人
丁二十六丁

開除戶口人丁貳百柒拾柒丁查前訂全書內載原除優免人丁九
十二丁續奉部文吏承不免見在鄉舉貢生
員止免本身一丁查紳衿節年事故附遷不一
照見在紳衿實免人丁七十七丁該免銀一拾
六兩三錢二分四厘仍餘人丁一十五丁該餘
丁銀三兩一錢八
分裁解充餉叉

盛世滋生人丁二百丁於
康熙五十二年欽奉
恩詔內開續生人
丁永不加賦

實在常額當差戶口人丁併優免餘丁共貳千一百捌拾柒丁一則起科每丁徵銀二錢一分二厘共徵銀四百六十三兩六錢四分四厘於丁隨田辦以廣

皇仁事案內題准自康熙五十九年為始在於本縣成熟田地內攤徵

田賦

舊管熟田地塘陸百陸拾伍頃肆拾捌畝玖分陸釐壹毫貳絲肆忽柒徵按舊全書內開原額田地共一千一百九十五頃八十一畝七分九厘九毫節因水旱災荒兵燹之餘百姓逃亡田地荒蕪於順治十年併十三年內二次題將無主荒田地塘九百八十一頃二十八畝六分二厘四毫撥入與屯衛熟田地塘二百一十四頃五十三畝一分七厘六毫續自順治十四年起至康熙十四年止開墾

川地塘四百五十頃九十三畝七分八厘六毫二絲四忽七微實在成熟田地塘六百六十五頃四十六畝九分六厘一毫二絲四忽七微仍該未墾陞科田五百三十頃三十四畝八分三厘七毫七絲五忽三微

新收熟田地塘叁拾玖頃捌拾肆畝捌分陸釐肆毫壹絲貳忽貳微內於康熙十五年起至五十八年止開墾荒田地塘二十一頃八十八畝一分六厘四毫一絲二忽二微雍正六年欽奉

上諭事案內民人自首開墾荒田地塘一十七頃九十六畝六分八厘

實在成熟田地塘柒百伍頃叁拾壹畝捌分貳釐伍毫叁絲陸忽玖微折實田陸百捌拾玖頃捌拾叁畝伍釐伍毫壹絲肆忽肆微陸纖查前訂全書則

畝賃在成熟田陸百六十五頃四十六畝九分六厘一毫二絲四忽七微每熟田地塘一畝科徵起存折色帶閏銀一錢二厘九毫九絲七忽八微七纖六沙一塵三埃七渺五漠又科漕襯附貼銀五毫八絲八忽四微四纖四沙一塵九埃七渺二漠共徵銀六千七百五十一兩四錢一分九厘二毫三絲五忽七微一纖四沙七塵五埃五渺九漠內原有優免田糧銀九十二隨七錢一分一厘二絲五忽九纖六沙一塵埃一渺三漠奉文停免裁解充餉額本色物料照依康熙十二年分題定時價折銀計應補徵銀一千三兩五錢八分七厘八毫八絲五忽一微七纖三沙六塵一埃六渺九漠又於丁隨田薪等事案內攤徵人丁銀四百六十三兩六錢四分四厘又於援例詳請等事案內攤徵不在八丁田匠班銀四十兩五錢又節年墾增用銀二百五十兩八錢三分一厘四毫六絲一忽一六七纖二沙九塵一埃五渺三漠計徵熟田一畝科徵折色銀一錢一厘七毫三忽七微九纖六沙二塵五渺五漠又科漕襯辦貼銀五毫八絲

八忽四微四纖四沙一塵九埃七渺二漠又科
補徵額料時價銀一毫九絲六忽九微七纖二
沙八塵二埃六渺二漠又科徵攤帶人丁銀六
厘七毫二絲一忽一微二纖八沙八塵一埃九
渺六漠又科攤徵匠班銀五毫八絲七忽一微
七塵五渺通共科銀一錢九厘一絲二忽二纖
五沙七塵二埃伍渺六漠共應徵銀七千五百
一十九兩九錢八分二厘五毫八絲二忽六纖
一沙二塵九埃八渺一漠內原優免田糧銀七
十二兩七錢一分一厘二絲五忽九纖六沙一
塵三埃一渺二漠仍有原荒田地塘四百九十
頃四十九畝九分七厘三毫六絲三忽一微

丁田貳頃共徵起存折色帶閏併漕糧贈貼匠班

共銀柒千伍百壹拾玖兩玖錢捌分貳釐伍毫

捌絲貳忽陸纖壹沙貳塵玖埃捌渺壹漠

按舊全書開載起存折色銀一萬一千三百四
十六兩八錢六分七厘一毫六絲八忽七微七

纖七塵七埃內奉文本折均平除大安州單諸
倉運軍月糧改徵半本減徵折色銀三百八兩
八錢三分七釐六毫九絲二忽五微九纖八沙
一塵八埃又於順治十四年奉文加增牛所正
脚銀一十八兩一錢八分又於順治十一年奉
文停免差徭銀九十二兩七錢一分一釐三絲
五忽九纖六沙一塵三埃一渺二漠又於康熙
六年更造全書查得驛站閏月銀二兩照上閏
每年帶徵俟閏月之年支給每年帶徵閏月銀
一十五兩二錢八釐五毫八絲又於康熙十年
奉文加督漕糧贍貼銀四十二兩共該額銀一
萬一千二百六兩一錢二分九釐八毫八絲一
忽二微六纖八沙七塵二埃一渺二漠內除抛
荒田地塘四百九十頃四十九畝九分七釐三
毫六絲三忽一微每荒田一畝應減徵除荒銀
九分九釐三毫二絲七忽四微五纖九沙八釐
共減除荒銀三千七百四十三兩七錢五分九
釐二毫八忽四微三纖三沙八塵八埃一渺四
漠止照實在田地塘共科徵銀七千二兩二錢
五分六毫九絲六忽八微八纖七沙六塵八埃

一渺二漠續本色漕料照依康熙十二年分通
定時價折徵計應補徵銀一十三兩五錢八分
七釐八毫八絲五忽一微七纖三沙六塵一埃
六渺九漠又雍正七年攤徵不在丁田匠班銀
四十兩五錢又於康熙五十九年攤徵人丁銀
四百六十三兩六錢四分四釐以上舊額新增
共該額銀一萬一千二百六十三兩七錢四分
一釐七毫九絲四微九纖五沙一塵七埃九渺
五漠內除原荒續墾尚有荒用地塘四百九十
頃四十九畝九分七釐三毫六絲三忽一微九纖
畝應減除荒銀九分九釐三毫二絲七忽四微
五纖九沙八塵共除荒銀三千七百四十三兩
七錢五分九釐二毫八忽四微三纖三沙八塵
八渺一漠照實在丁田併攤徵匠班共銀七千
五百一十九兩九錢八分二釐五毫八
絲二忽六纖一沙二塵九埃八渺一漠

一起徵本色米每熟田地塘一畝科漕糧正耗米一升一合二勺三抄二撮二粟三顆三粒七穎三黍八稷科月米九合五勺八抄五撮八圭六粟七粒四顆八穎三黍科漕糧贈

秋米五勺八抄八撮四圭四
粟四粒一顆九穎七黍二稷

實徵本色正耗漕糧併贈貼存留共米壹千伍百玖石捌升壹合捌抄捌撮叁圭壹顆叁粒陸穎貳黍柒稷玖糠叁粃查前訂全書開載原正耗閏漕月贈貼併存留額米一千八百七石五升八合九勺七抄五撮二圭二粟七粒二顆四穎又加漕糧贈貼穀米四十二石內除荒田地塘減徵外實徵熟田地塘本色米一千五百九石八升一合八抄八撮三圭一顆三粒六穎二黍七稷九糠三粃因本縣不通河道舊在於折色銀內動給辦漕經承赴六安州地方買米交兌其不敷米價照時詳請撥徵

起運戶部丁地折色額銀陸千捌百叁兩肆錢陸分陸毫柒絲貳忽肆纖壹沙壹塵叁埃壹渺貳

漠帶徵閏月銀捌兩壹分叁厘肆毫肆絲鋪墊
銀叁拾玖兩伍錢捌分陸厘捌毫貳絲伍微陸
纖伍沙水脚銀肆拾肆兩肆錢柒厘伍毫捌絲
玖忽肆微叁纖叁沙伍塵帶閏銀伍厘四絲除
荒實徵銀四千一百五十八兩六錢五分九厘
三毫一絲八忽二微一纖二沙一塵五埃一漠
帶徵閏月銀四兩八錢八分五厘五毫六絲三
忽七微六塵九埃二渺一漠鋪墊銀二十四兩
一錢三分四厘九毫四絲四忽九微八纖九沙
六塵八埃九渺一漠水脚銀二十七兩二錢四

分二厘六毫五絲一忽三纖七沙三塵五埃一
渺四漠帶徵閏月銀三厘七絲二忽七微四纖
二沙九塵二埃三渺三漠續裁免餘丁銀三兩
一錢八分共實徵銀四千二百一十八兩一錢
五厘五毫五絲六微八纖二沙七塵七渺戶部折色
正賦地畝額銀八百八十六兩一錢一分七厘
六毫五絲四忽七微水脚銀一十五兩七六四
分六厘四毫六絲三忽九纖兩沙除荒實徵銀
五百四十兩二錢四分一厘六毫四絲六忽四
微六纖七沙九塵四埃七渺三漠水脚銀九兩
七錢二分二厘九絲九忽五微二纖八沙六厘
一渺舊改折銀硃等料額銀四百七兩二錢二
分五厘五絲七微七纖五沙餘墊銀二十九兩
八錢二厘一毫二忽五微四纖三沙七塵五埃
水脚銀八兩一錢四分四厘五毫一微一纖五

沙五塵除荒實徵銀二百四十八兩二錢七分
三厘三毫六絲四忽二纖六沙九塵九埃一渺
八漠鋪墊銀一十八兩一錢六分八厘八毫七
絲五忽四沙二塵三埃一渺八漠水脚銀四兩
九錢六分五厘四毫六絲七忽二微八纖五塵
三埃九渺八漠順治十八年新改折銀硃等料
額銀一百三十二兩三錢一分六厘三毫五絲
五忽九微鋪墊銀八兩八錢五分四厘九毫二
絲五忽二纖一沙二塵五埃水脚銀二兩六錢
四分六厘一毫三絲一忽七微五纖三沙除荒
實徵銀八十兩六錢六分九厘四毫七絲五忽
三微五纖八沙七塵九漠鋪墊銀五兩三錢九
分八厘五毫九絲二忽八微九纖五沙九塵五
埃五渺九漠水脚銀一兩六錢一分三厘二毫
七絲三微六纖七塵五埃七渺一漠奉　驛二
部題作自康熙七年為始將額設協站銀兩
備於本地動支其彼處協濟銀即抵正項起解
所需本縣原編協濟三梅二驛正閏馬價鋪陳
等銀抵免代解舒城縣裁剩銀二百二十二兩
八錢九分四厘六毫五絲二忽原編協濟滁陽

等縣價鋪陳等銀紙兌代解滁州灊標兵餉銀八十四兩九錢五分七厘六毫九絲二忽三微以上計二款共代解銀三百七兩八錢五分二釐三毫四絲四忽三微除荒實徵銀一百八十七兩六錢八分八釐七毫一絲二忽七微七纖三沙一塵七埃六漠又於康熙十五年奉裁本驛走遞夫馬額銀一百四十四兩八分七釐二毫三絲六微七纖除荒實徵併撥足夫馬新定實需工料外該銀五十四兩一分三釐三毫五絲七忽二微三纖四沙五塵[illegible]埃四渺二漠順治八年纂討全書舊編裁剩除工等額銀一千七十一兩七錢八分六釐七毫一絲順治九年奉裁本縣知縣書辦工食銀五十七兩六錢門子工食銀二兩四錢皂隸工食銀一十九兩二錢馬快工食銀九兩六錢民壯工食銀六十兩燈夫工食銀四兩八錢禁兵工食銀九兩六錢轎傘扇夫工食銀八兩四錢庫書工食銀六兩倉書工食銀六兩庫子工食銀四兩五錢斗級工食銀四兩八錢本縣典史書辦工食銀一兩二錢門子工食銀一兩二錢皂隸工食銀四兩

八錢馬夫工食銀一兩二錢本縣七引司肯游
工食銀一兩二錢皂隸工食銀二兩四錢[illegible][illegible]
自知縣書辦工食起至七引司皂隸工食止計
十八欵共額銀三百五兩二錢順治十二年奉
裁本縣知縣修宅家伙銀二十兩迎送上司傘
扇銀八兩儒學廪生膳夫銀八十兩修理祭器
公館銀一十兩七引司弓兵工食銀一十二兩
以上自知縣修宅家伙起至七引司弓兵工食
止計五欵共額銀一百三十兩順治十四年奉
裁本縣知縣俸薪銀三十兩四錢九分本府進
表長夫銀三兩武場供應銀四兩七分二釐纂
生廪糧銀一百六十兩每年帶徵閏月銀五兩
三錢三分三釐六毫歲考生童文卷茶餅銀一
兩四錢三分二釐五毫歲考花紅銀一兩五錢
附季考茶餅銀一兩五錢須春芒神銀一兩鄉
飲酒席銀三兩五錢本縣支應使客下程中伙
等銀二十兩七引司弓兵工食銀三十兩新公
渾渡夫工食銀一兩廪生膳夫銀二十六兩六
錢六分六釐七毫以上自知縣俸薪起至廪生
膳夫止計十三欵共額銀二百八十四兩一錢

六分一厘二毫帶徵閏月銀五兩三錢三[illegible][illegible]厘六毫康熙二年奉裁儒學廩生廩糧銀八[illegible]兩每年帶徵閏月銀二兩六錢六分六厘四康熙三年奉裁本縣儒學教諭俸薪銀三十一兩五錢二分門子工食銀二十一兩六錢齋夫銀三十六兩騎馬草料銀一十二兩以上儒學俸工計四款共額銀一百一兩一錢二分原裁復徵運軍月糧銀一百四十兩以上自順治八年纂訂全書舊編裁剩起至運軍月糧止通共額銀三千一十二兩二錢六分七厘九毫一絲帶徵閏月銀八兩除荒實徵銀一千二百二十六兩八錢二分一厘八毫二絲一忽四微八纖五沙三塵四埃八渺閏月銀四兩八錢七分七厘三毫六絲九忽七微一纖九沙五塵六埃三渺二漠停免差徭[illegible]額銀九十三兩七錢二分一厘二絲五忽九纖六沙一塵三埃一渺二漠又續減免餘丁銀三兩一錢八分康熙五年續裁本縣儒學廩生膳夫銀一十三兩三錢三分三厘三毫除荒實徵銀八兩一錢二分八厘[illegible]毫二絲九忽二微一纖二塵三埃一渺五漠[illegible]

熙六年裁扣本縣刑具銀一兩五錢除荒實徵銀九錢一分四釐五毫六忽八微二纖二沙四塵一埃八渺一漠改解南省留充兵餉額銀八十八兩七錢六分七釐二毫九絲八忽六微除荒實徵銀五十四兩一錢八分八釐一毫六絲六忽七微八纖四沙八塵八埃三渺一漠漕標兵餉額銀一千一百六十三兩六錢四分二釐八毫除荒實徵銀七百九兩四錢三分九釐五毫一絲九忽六微三纖八沙四塵六埃七渺一漠　禮部折色藥材等額銀九十七兩二分三釐七毫三絲四忽水脚銀一兩九錢一釐三毫八絲九忽三微四纖包裹紙銀一分一釐除荒實徵銀五十九兩一錢五分二釐五毫七絲七忽七微八纖六沙二塵一埃九渺三漠水脚銀一兩一錢五分九釐二毫二絲二忽三微四纖九沙二渺包裹紙張銀六釐七毫六忽三微八纖三沙三塵六埃四渺四漠　工部折色料價等額銀一千三百七十九兩五錢七分二釐一絲三忽每年帶閏銀一分三釐四毫四絲鋪墊銀七錢三分五釐六絲四忽水脚銀一十四兩

七錢九分七釐一毫五絲一微三纖[illegible]
閏月銀五釐四絲除荒實徵銀八百四十□□
八分五釐三毫四絲五忽三微七纖三□
一渺二漠閏月銀八釐一毫三絲九忽八□
沙一塵二埃八渺九漠鋪墊銀四錢四分八□
一毫四絲七忽三微六纖一沙九塵四埃二□
六漠木腳銀九兩二分一釐三毫六絲九忽□
纖二沙二塵八埃二渺每年帶徵閏月銀三□
七絲二忽七微四纖二沙九塵二埃三渺三漠
匠役衣裝額銀二十一兩六錢水腳銀四錢三
分二釐綱不除荒鹿皮半角額銀五十五兩四
錢四分鋪墊銀一錢八分四釐七毫二絲八忽
水腳銀五錢四分除荒實徵銀三十三兩八錢
一毫七絲二忽一微五纖六沙五塵七埃三渺
鋪墊銀一錢一分二釐六毫二絲三忽三微四
纖四沙一塵九埃四渺四漠水腳銀三錢二分
九釐二毫三絲二忽四微五纖六沙七埃五漠
通共額銀六千八百九十八兩六錢五分三釐
五毫六絲二忽三纖八沙六塵三埃一渺二漠
除荒實徵銀四千二百一十八兩一錢五釐五

毫五絲六微八纖二沙七塵七渺績康熙十四
年奉裁科場協濟銀五兩八錢八釐六毫一絲
八微七纖二沙七埃三渺七漠奉裁武場供應
銀一兩八錢六分八釐一毫七忽八微一纖八
沙七塵六埃九渺一漠九逡奉協濟鄖徐州守
堤開夫水脚銀一兩九錢五分四釐八毫一絲
五忽一微八纖六塵九埃一渺二漠康熙十九
年奉裁修理倉監銀九兩一錢七分五釐三毫
三忽二微一纖四沙六埃八渺五漠四逡康熙
二十七年奉裁歲貢盤纏銀一十一兩一分四
毫五絲八忽六微五纖六沙七塵四埃三渺六
漠八逡雍正六年奉裁本縣知縣員下撥夫四
名工食額銀二十四兩除荒實徵銀二十二兩
二分九毫一絲七忽三微一纖三沙五塵八埃
三渺八漠又全裁支書工食除歸漕項撥外餘
剩額銀四十二兩五錢九分五釐二毫四絲九
忽六微二纖四沙除荒實徵銀三十四兩四錢
四分五釐一毫九絲四忽七纖二沙四塵一埃
四渺五漠雍正七年奉文雖徵不在丁口匠班
銀四十兩五錢雍正十一年奉裁本縣走遞夫

局工料銀二百一十一兩七錢三分九釐五
八絲九忽四[illegible]八纖三[illegible][illegible]埃三渺二[illegible][illegible]
十二年奉裁孤貧衣剩川滿銀一十三兩[illegible]
乾隆八年奉裁支應香燭銀三錢五分二釐六
毫絲四忽六微六纖四沙一塵九埃八渺[illegible]
年開墾審增丁四匠科銀七百一十四兩四錢
七分五釐四毫六絲一忽一微七纖二沙九塵
一埃五渺三漠以上賷管[illegible]府共銀五千二百
八十四兩二錢五分六釐[illegible]毫一絲三忽一微
二纖八沙五塵四埃八渺[illegible][illegible][illegible]遂內除康熙
二十四年復留備學廩生[illegible][illegible][illegible]銀八十二兩
六錢六分六釐四毫撥補津[illegible]不敷銀四十[illegible]
撥補河工荒缺銀三十一兩[illegible]分七釐九毫九
絲八忽二纖六塵三埃五渺[illegible]漠又雍正八年
奉文動辦三祭關帝祭祀銀四十二兩二錢七
分乾隆元年奉文加添儒學教師俸銀四十八
兩四錢八分又於貢微銀內補足節學原額係
減荒銀七兩六錢三分五毫二絲九忽九微七
纖三塵四埃四渺七漠乾隆五年撥補漕項門
件銀一百五兩七錢七分八釐九毫八絲七忽

二微三纖三沙四塵九埃四渺四逡又撥各役
工食荒缺銀一百四十七兩九錢九分三釐五
毫六絲一忽七微四纖三沙九埃六渺九漠六
逡乾隆八年奉文加增各壇祠祭祀銀三十六
兩八錢又增添關帝三祭祀銀六兩五錢六分
三釐九毫五絲八忽三微文廟祭祀荒缺銀九
兩六錢八分三釐四毫八忽五微九纖一沙七
塵九埃七渺刻入存留項下開造外實該起運
併匠班銀四千七百二十六兩二錢九分二釐
五毫七絲三忽二微六纖九沙塵八埃三渺
土漠內續有奉勤辦黃白蠟錫鉄硃桐油白蔴
等項料價三十四兩六錢七分七釐九毫五絲
一忽八微七纖五沙查本色物件內今辦解貿
有並無一定不便添列本色物項下開造仍
應統歸起運
內分款起解
戶部項下原議本色物料甲丁二項本色銀硃原
額三十四觔一兩六錢三分一釐五毫每斤原編價銀

五錢今照原額十二年題定每斤時價銀一[illegible]算該額銀三十兩六錢九分一釐七毫七絲一忽八微二纖五沙除荒實辦三十五斤十三兩五錢四分二釐二毫八絲一忽六微三纖一沙五塵八埃五渺二漠該價銀二十三兩二錢六分一釐七毫四絲七忽七微一纖六沙七埃六渺七漠

本色光粉原額二十九斤五兩八錢四分六釐八毫每斤原編價銀四分七釐今照原額十二年題定時價每斤一錢三分算該額銀二十兩五錢一分七釐五毫五忽三微五纖除荒實辦一十四斤十兩八錢二分七釐四毫七絲一忽八微一纖七沙八塵五渺二漠該價銀一兩九錢七釐九毫七絲三忽二微八沙五塵一埃九渺七漠

本色旋花青原額二十九斤十一兩七分四釐七

毫每斤原編價銀三分今照康熙十二年題定
每斤時價三錢該額銀八兩九錢七厘六毫
五絲六忽二微三纖五沙除荒實辦二十二斤八兩
六分六厘一毫三絲九忽陸微二纖八沙五塵
八埃四沙六漠該價銀六兩七錢五分一
厘二毫四絲一微一纖八沙三埃六渺

本色桐油原額一百三斤二分六厘七毫每斤原編價銀
四分今照康熙十二年題定時價仍四分辦該
銀四兩一錢二分六絲六忽七微五纖除荒實
辦七十八斤一兩六分四厘三毫三忽八微七
纖二塵三埃八渺六漠該價銀三兩一錢二分
三厘六毫六絲七微五纖
九沙六塵七埃五渺六漠

本色黃蠟原額七斤十五兩三錢四分二厘九毫
每斤原編價銀二錢今照康熙十二年題定每
斤時價二錢三分該額銀一兩八錢三分五厘
五絲四忽一微八纖七沙五塵除荒實辦六斤
五錢二分三厘五毫七絲六忽三微八纖七沙

六塵五埃三渺五漠該賃銀一兩三錢八分七
厘五毫二絲六忽四微一纖五塵七埃二渺五
漠

本色黃熟銅原額三十五斤二兩一錢九分二厘
八毫每斤原編價銀一錢一分今照康熙十二
年題定每斤時價一錢三分該額銀四兩
五錢六分七厘八毫一絲六忽五微除實辦二
十六斤十兩九分四厘二毫三絲五忽八微三
纖七沙三塵七埃五渺九漠該價銀三兩四錢
六分二厘一絲五忽陸微六纖六沙一塵七埃
八渺
七漠

本色紅熟銅原額二十八斤三兩七錢九分二厘
三毫每斤原編價銀一錢今照康熙十二年題
定每斤時價銀一錢三分該額銀三兩六
錢七分八毫二絲五微六纖二沙五塵除荒實
辦二十一斤七兩四錢二分八毫二絲二忽三

微五纖五沙九塵二埃九渺九漠該價銀二兩七錢九分二毫九絲四忽一微八纖一沙六塵四埃一渺九漠

本色錫原額五斤七錢五分二釐每斤原額價銀九分五厘今照康熙十二年題定每斤時價一錢一分該額銀五錢五分五厘一毫一絲除荒實辦三斤十三兩一錢六分二厘六毫八絲四忽五微八纖六塵二渺一漠該價銀四錢二分四毫九絲三忽四微五纖六沙四塵九埃一渺六漠

本色各款原編舖墊額銀九兩二錢七分六厘四毫七絲一忽四微三纖五沙除荒實徵銀七兩八分七厘九毫六絲二微二纖二沙二塵三埃七渺三漠

供用庫本色黃蠟原額七十一斤八兩三錢三分每斤原編價銀二錢今照康熙十二年題定每斤時價二錢三分該額銀

一十六兩四錢四分九厘七毫一絲五忽三微七纖五沙除荒實辦五十四斤一兩一錢三分七絲七忽三微九沙三塵七埃五渺二漠該價銀一十二兩四錢三分五厘八毫五絲六忽七微六纖一沙一塵九埃一渺

本色芽茶原額四十九斤三兩二錢四分一厘八毫每斤原編價銀八分今照康熙十二年題定每斤時價一錢五分該額銀七兩三錢八分三毫九絲一忽八微七纖五沙除荒實辦三十七斤三兩四錢五分二毫九絲七忽四微一纖七沙五塵二埃六渺三漠該價銀五兩五錢八分二厘三毫四絲六忽五微三纖八沙二塵八埃九渺三漠

以上戶部項下本色物料自銀硃起至芽茶止計十一款照題定時價併鋪墊共額銀八十九兩

丸錢六分七釐九毫九絲四忽四微三纖五沙
除荒實徵銀六十八兩二錢一分一毫一絲五
忽三微九纖六塵一埃三漠本色物料併節整銀兩照舊全書刊定額數但目今辦解與否並無一定每年總將實徵價整銀兩照數解交布政司如奉文採辦仰動銀辦料解　部如奉文停辦即將實徵銀兩彙解　戶部統於每年奏銷冊內分晰報　部

漕糧贈貼米銀數贈貼額銀四十二兩除荒實徵
銀三十八兩六錢八分六釐一毫一絲七忽七
微六纖八沙七渺八漠原贈貼額米四十二石
除荒實徵米三十八石六斗八升六合一勺一

抄一撮七圭六粟八顆九黍八稷（查漕糧贈耗米銀前訂全書原未刻載於康熙十年四月內奉文加贈同正項一例官徵官給以免多索私派那移之弊照漕糧正耗米每百石贈銀五兩贈米五石交給領官軍）

隨漕起運折色銀數漕運船料旱脚實額銀一千七兩四錢二分除荒實徵銀一千五兩九錢八分三釐五毫一絲五忽八微一纖六沙七塵七埃八渺四漠（前訂全書內載徵解總漕部院續改解督糧道交納）

本色三分蘆蓆額銀二兩二錢五分除荒實徵銀二兩六分四釐四毫六絲九微九纖八沙一塵四埃六渺七漠（原解折色續奉文本色一分七釐給運官隨查赴北折色一分）

三項解督糧道轉解交納

以上船料旱脚本折蘆席二款共額銀一十九兩六錢七分除荒實徵銀一十八兩四分七厘九毫七絲六忽八微一纖四沙九塵二埃五渺一漠

起解督糧道漕項銀數全裁吏書工食額銀併除荒實徵內撥給漕項不敷銀六十兩六錢四分四厘七毫伍絲三微七纖陸沙內康熙元年奉裁半縣知縣員下書辦工食銀七十二兩典史書辦工食銀六兩儒學書辦工食銀七兩二錢巡檢書辦工食銀六兩倉庫書辦工食銀一十二兩以上計五欵共額銀一百三兩二錢原解布政司續於康

照二年漕總漕部院林　題歸漕項之用經管督糧道撥給省衛不敷行月銀六十兩六錢四分四厘七毫五絲三微七纖六沙餘銀四十二兩五錢五分五厘二毫四絲九忽二微二纖四沙解赴布政司充餉如遇閏科仍照額派閏銀統歸起運

撥解漕項不敷銀四十兩查前訂全書原未編裁每年係於起運撥解搭解道漕項之冊造入奏銷冊內報部查核今併增列

英邑額銷綱鹽一千引因僻處萬山不通河道原在於霍邑口岸帶銷民人仍赴買食

帶徵淸河縣不准除荒銀三兩查帶徵銀兩[illegible]係本縣捐解搭[illegible]道交納

起解河工折色銀數舊額河工銀六兩除荒實徵

銀五兩五錢五厘二毫二絲九忽三微二纖八沙三塵九埃六渺一漠前訂全書內載徵解河務廳今改解河庫道

改派抵補河工車盤額銀五十七兩一錢除荒實徵銀五十二兩三錢九分一厘四毫三絲二忽四微四纖一沙九塵三渺八漠前訂全書內載徵解河務廳今改解河庫道

隄夫額銀二百八十一兩二錢五分除荒實徵銀二百五十八兩五分七厘六毫二絲四忽七微六纖八沙五塵六埃八渺二漠前訂全書內載徵解河務廳今改解河庫道

閘夫額銀三十一兩八錢除荒實徵銀二十九兩一錢七分七厘七毫一絲五忽四微四纖四塵九埃六渺五漠前訂全書內載徵解河撫廳今改解河庫道

以上自舊額河工起至閘夫止計四款共額銀三百七十六兩一錢五分除荒實徵銀三百四十五兩一錢三分三厘一忽九微七纖九沙三塵六埃四渺六漠前訂全書內開河道錢糧荒缺銀三十一兩一分七厘九毫九絲八忽二微六塵三埃五渺四漠在於地丁起運欵內照數撥補每年於奏銷冊內開除

起解外各衙門折色銀數科場協濟額銀一十二兩六錢六分一厘二毫七絲五忽除荒實徵銀

一十一兩六錢一分七厘二毫三忽七微四絲四沙一塵四埃七渺四漠武場額銀四兩七分二厘除荒實徵銀三兩七錢三分六厘二毫一絲五忽六微三纖一沙五塵三埃八渺三漠內續泰裁半歸入起運外實留科場半留銀五兩八錢八厘六毫一忽八微七纖二沙七埃三渺七漠武場半留銀一兩八錢六分八厘一毫七忽八微一纖八沙七塵六埃九渺一漠遵照實徵數目彙解布政司文武科場應用

經費項下本縣知縣員下編給俸工銀七百四十五兩四錢除荒實徵銀五百五十一兩二錢七分四厘四毫五絲七忽七纖七沙八塵丸埃八

沙八漠
內俸額銀四十五兩除荒實徵支俸銀
四十一兩二錢八分九釐二毫一絲九
忽九微六纖二沙九塵六埃四渺　門子三名
每名工食額銀六兩共銀一十二兩　皂隸十
六名每名工食額銀六兩共銀九十六兩　馬
快八名每名工食草料額銀一十六兩八錢共
銀一百三十四兩四錢　民壯五十名每名工
食額銀六兩共銀三百兩　於雍正十三年奉文
裁減民壯工食銀八十四兩存留民壯二十七
名每名工食器械銀八兩共銀二百一十六兩
倉監禁卒八名每名工食額銀六兩共銀四
十八兩　轎傘扇夫七名每名工食額銀六兩
共銀四十二兩　庫子四名每名工食額銀六
共銀二十四兩　斗級四名每名工食額銀
六兩共銀二十四兩以上工食俱於丁地內撥
補按額支給　修理倉監額銀二十兩除荒實
支銀九兩一錢七分五釐三毫八絲二忽二微
一纖四沙六埃八渺五漠四逡以上俸工銀照
額於丁地
內扣足

每年知縣養廉銀六百兩在於丁地耗羨內支給

典史員下編給俸工額銀六十七兩五錢二分除

荒實徵銀五十二兩三錢七分四厘七毫七絲

四忽五微三纖六沙二塵一埃四渺七逡內俸額銀

三十一兩五錢二分除荒實徵銀二十八兩九
錢二分八毫四絲七微三纖八沙五塵六渺八
漠[illegible]逡乾隆三年奉文撥補荒缺銀二兩五錢
九分九厘一毫一絲五忽二微六纖一沙四塵
九埃三渺一漠三逡在於司庫請領足額門
子一名工食額銀六兩　皂隸四名每名工食
額銀六兩共銀二十四兩　馬夫一名工食額
銀六兩以上工食在於丁地內撥補按額支給

每年典史養廉銀六十兩在於丁地耗羨內支給

儒學原編併加添俸工額銀一百三十兩四錢除

荒實徵銀一百一十二兩四錢四分一厘八毫五絲六忽九微四纖四沙三塵五埃八渺九漠五逡內原編俸銀三十一兩五錢三分續奉文教諭訓導每員改食俸銀四十兩二員共俸銀八十兩門斗二名每名工食銀七兩二錢共銀一十四兩四錢齋夫三名每名工食額銀一十二兩共銀三十六兩查儒學裁缺俸銀併工食已於起運實徵數內撥補足額全支以遇閏照所限銀兩歸還起運

儒學廩生廩糧額銀八十二兩六錢六分六厘四毫除荒實徵銀五十三兩八錢五分七厘九絲二微四纖九沙九埃八渺七漠查係康熙二十四年分奉文起運項下挖出原裁復留支給於乾隆元年奉文照額支給丁地內撥補

七引店巡檢員下編給俸工額銀四十三兩五錢
二分除荒實徵銀三十六兩七錢二分八厘七
毫九絲四忽六微七纖一沙四塵六渺四漠七
逡內俸額銀三十一兩五錢二分除荒實支俸
銀二十八兩九錢二分八毫四忽七微三纖
八沙五塵六渺八漠七逡乾隆三年奉文撥補
荒缺銀二兩五錢九分九厘一毫二絲五忽二
微六纖一沙四塵九埃三渺一漠三逡在於司
庫請領起領皂隸二名每名工食銀六兩
共銀一十二兩於丁
地內撥補照額支給
每年巡檢養廉銀六十兩在於丁地耗羨內支給
以上各官員下俸工併廩生廩糧自知縣俸工迤
至巡檢俸工止計五款共額銀一千一百八兩

五錢六厘四毫實徵銀七百三十六兩六錢八分六厘九毫七絲三忽四微七纖九沙三埃七渺三漠九逡

存留支給折色銀數本縣歲貢考貢盤纏額銀三十五兩除荒實徵銀二十二兩九錢三分八厘四毫五絲五忽五微三纖四沙九塵八埃三渺七漠五逡查歲貢盤纏銀內續奉酌裁額銀一十一兩一分四毫五絲八忽六微五纖六沙七塵四埃三渺六漠八逡歸入起運外實酌留銀一十一兩九錢二分七厘九毫九絲六忽八微七纖八沙二塵四埃七逡照實徵數目歸解

本縣

文廟香燭額銀三兩除荒實徵銀一兩九錢五分
四厘四毫九絲七忽四微八纖三沙二塵二埃
五渺二漠乾隆八年請酌均祭祀銀兩案內派
文廟香燭銀二兩四錢於丁地內支給

本縣三祭

關聖帝銀四十二兩二錢七分查前訂全書原未編裁係於雍正八年奉文動撥致祭乾隆八年請酌均祭祀銀兩案內三祭　關帝共銀四十七兩八錢三分二厘九毫五絲八忽三微於丁地內撥給

本縣春秋二祭額銀四十兩除荒實徵銀二十六
兩五分九厘九毫六絲六忽四微四纖三沙二

垵四沙二漠乾隆八年詳酌均祭祀銀兩[illegible]
文廟春秋二祭共銀四十八兩
社稷壇 風雲雷雨山川城隍壇 劉猛將
軍廟 名宦祠 鄉賢祠 忠義祠 節孝祠
春秋二祭共銀二十一兩 邑厲壇歲三祭
共銀四兩五錢 常雩禮 火神廟 八蜡祠
獄神廟 土地祠 各祭旗纛 秋祭霜降每
歲共祭銀一十二兩二錢內八蜡祠停止致祭
其祭銀歸於社稷壇內以上
祭祀銀兩均於丁地內撥給
鄉飲酒席額銀三兩五錢除荒實徵銀三兩二錢
一分一厘三毫八絲三忽七微七纖四沙八塵
九埃七渺七漠
孤貧八名口糧布花額銀四十二兩雍正十二年
奉文裁扣銀二十三兩二錢歸入起運充餉每

年支給銀二十八兩八錢

七引店巡檢弓兵十名每名工食額銀三兩共銀三十兩除荒實徵銀一十九兩五錢四分四釐九毫七絲四忽八微三纖三沙二塵五埃三渺二漠於丁地内撥補照額支給

蕭公潭渡夫一名工食額銀一兩除荒實徵銀六錢五分一釐四毫九忽一微六纖一沙七埃五渺一漠於丁地内撥補照額支給

急遞鋪司兵二十八名每名工食額銀五兩四錢共銀一百五十一兩二錢除荒實徵銀九十八

兩五錢六厘六毫七絲三忽一微五纖四沙三
塵五埃二渺四漠於丁地内照額支給
以上自本縣歲貢起至鋪兵工食止計九款共額
銀三百七兩九錢七分除荒實徵銀三百六十
二兩七分二厘三毫三絲八忽九微五纖三沙
一塵三埃七渺七漠七逡
通共存留項下自漕糧贈貼起至鋪兵工食止共
額銀一千八百六十一兩七錢五分九厘六毫
七絲五忽實徵銀一千五百五十五兩三錢二
厘一絲五忽五微八纖五塵一埃七渺三漠六

逕以上俸工等銀俱於起運項下撥足照額支

給

本縣起運解北本色漕糧米數正兌漕糧額米一千六百石加四耗米二百四十石除荒實徵正米五百五十三石四斗四升二合三勺七抄八撮四粟三顆三粒六顆五黍九稷丸糠四粃耗米二百二十一石三斗七升六合九勺五抄一撮三圭一粟七顆二粒四顆六黍四稷二糠七粃

糧上正耗漕糧共額米八百四十石除荒實徵正耗共米七百七十四石八斗一升九合三勺二

抄九撮二圭六粟七粒一顆三黍四稷一糠

祇查前訂全書開載漕糧本色米石向不[illegible]道在於丁地折色銀內勒支現今實徵[illegible]米價銀三百七十六兩八錢四分六毫八絲忽六微一纖二沙二塵四埃四渺買米交兌

漕糧贈貼米數漕糧贈貼額米四十二石除荒實

徵米三十八石六斗八升六合一勺一抄七撮

七圭六粟八顆九黍八稷查前訂全書內於康熙十年四月內奉文

加增同正項一例官徵官給以免多索之弊照漕糧九耗米每百石增米五石交給領運官軍

六安州軍儲倉運軍半本色月糧額米一千二十

九石四斗五升八合七勺七抄二粟七顆二粒

四額除荒實徵米六百六十一石二斗六升二

合四勺二抄五撮一圭八粟八顆六粒一穎六

黍九稷查運軍半本月糧舊刊全書原未載編即係折色銀兩改徵本色奉文派撥遞鳳二衛運漕官丁行月二糧五百六十石

存留餘剩月糧米一百一石二斗六升二合四勺

二抄五撮一圭八粟八顆六粒一穎六黍九稷

每石九錢折解督糧道交納

扣存潤米三十七石八斗除荒實徵米三十四石

三斗一升三合二勺一抄六撮八粟四顆二穎

三黍六稷八糠二粃查潤米歷不支給每年照例折銀同存留餘剩米銀彙解督糧道交納

通計自正兌漕糧起至潤米止共額米一千九[illegible]四十九石二斗五升八合七勺七抄二粟七顆二粒四顆除荒實徵米一千五百九石八斗二合八抄八撮三圭一顆三粒六顆二黍七稷九糠三粃

原係工部改解戶部匠班銀四十兩五錢前訂全書內載

原係匠戶辦納續於雍正七年奉文攤入田畝徵收歸入起運項下

牙帖稅銀二兩二錢

典當稅銀五兩

契雜稅原無定額儘徵儘解

糧道項下

六安州軍儲倉米折額銀三百七十六兩三錢三分一厘五毫五絲九微三纖四塵四埃除荒實徵銀三百四十五兩二錢九分八厘五毫八絲一忽八微九纖九沙五塵三埃七渺六漠

六安州軍儲倉馬草折額銀二兩三錢四分三厘七絲除荒實徵銀二兩一錢四分九厘八毫五絲六忽二微七纖九沙九塵七埃七渺九漠

以上軍儲倉米草折二款共額銀三百七十八兩六錢七分四厘六毫二絲九微三纖二沙[illegible]

四埃除荒實徵銀三百四十四兩四錢四分八釐四毫三絲八忽一微七纖九沙五塵一埃五渺五漠照數於丁地銀內徵解督糧道交納

附英山豁免捏報開墾田畝詳案

江南六安州英山縣爲遵例匍陳籲懇　題豁

一視同仁以廣

皇恩以甦民累事案奉　本州正堂高　牌開奉

布政使晏　批據英山縣生員張可信呈控英邑雍正八等年捏報加陞之糧一案仰六安州確查速報轉飭確查到縣並在查詳間又據生

員張可信呈爲籲查捏報援例詳豁以廣
皇恩以甦民累事竊英本彈丸東西兩河夾送楚界高者盡山低者皆水其舊額田地塘畝原因高就低墾成納賦自明末清初洪水暴漲人民逃亡田地荒蕪於順治年間招徠開墾至順治十二年始得成熟田地塘二百一十四頃五十三畝零刊定全書額徵納糧自全書訂後從順治十四年起歷年奉上開墾　續陞報至康熙十七年查通英田地塘山毫無可墾隙地清丈註册共得成熟田地塘畝六百六十五頃四十六

畝零雖有缺額荒糧實無可墾之處誌載昭然
間有傍河淤沙亦隨流崩潰遇水鋪鎔故往昔
縣主目擊情形奉上查墾各詳水中沙壓荒雜
開墾在案是英無荒可墾已不待今始辨矣不
意雍正八年奉文勸墾前州主李不體
聖天子勤民至意不問荒畝坐落何所瞞借足額邀
榮於六安則押令各戶自報於英則羽檄嚴提
前縣主懼罹法網着令鄉約蠶報士民恐遭湯
火吞聲受累誠如
上諭所云捏報墾荒以致糧無抵補者也茲幸恭逢

皇恩軫念民力艱難有司亦難賠墊將各省地方近年新墜之糧概諭豁免故山東河南淮安崑山等處已無不荷開除之宏恩矣惟英僻處山陬瘠苦未能上達生是以情迫於衷冒罪備陳憲臺蒙送州憲查報生亦赴州具呈轉送天臺是英萬民之重累解懸實所望於仁天理合備呈賞查雍正八等年新墜之糧衆係生等有墾自報任土自應納貢如屬鄉約指名捏報所據實轉詳援例豁免不特

皇恩不遺於僻壤而天德亦與並垂不朽矣又據合
邑士民馬世鈞等呈爲叩查詳豁均蒙
皇恩事任土納貢固有成規無墾加糧實惟重累英
居僻隅實屬彈丸兼之東西兩河夾送楚界山
水十居七八田畝十僅二三地瘠山稠原無隙
土若遇溪水暴漲熟產亦被沙荒卽輸舊額尚
在艱据况再加陞則爲難何極不意雍正八年
奉文勸墾州憲之羽檄頻催本縣之攤陞愈急
鄉約明知無荒可墾被迫捏報裁名可憐英民
徒有報墾之虛名然受重加之實累夫以舊額

不足之民更加額外之科呼訴無門亦惟吞聲
飲泣也今幸恭逢
皇上身居九重神周萬里軫念民瘼無微不入頃閲
各省陞糧地方概予豁免郎鄰邑六霍將奉開
除英邑陞糧亦何莫非王民應共沐
皇恩於無盡也然疾苦未能上達膏澤何由下逮茲
有生員張可信已經冒罪俯陳藩憲蒙送州憲
査覈轉詳仁天是欲難英邑重累悉仰仁天移
山之力為此合飭公門賞査雍正八等年陞[illegible]
報呈果屬生等自具抑係鄉約揑報[illegible]

天綸三念一徽所當講　題稽以質

皇仁以副　聖德以甦民困者也該州興詳　應

轉請　撫憲鑒核　題報　乾隆四年八月十二

日准

部咨議奏事案內奉　本州正堂成奉　布政使司檔

奉　藩憲轉奉　撫院鈔發　內開乾隆四年七月

十五日准　戶部咨江南司案呈戶科抄出督

署兩廣總督　題前事乾隆四年三月二十一日

題　本月十二日奉

旨該部議奏欽此本月十三月抄出到部該臣等

[illegible]賦役

會議得安慶巡撫孫以安屬各州縣從前報墾田地一案奉准部咨議覆 大學士朱條奏案內抑勒首報者嚴行飭禁其現在報墾之田逐一詳查如果虛捏不實即行題請開除無得護過文飾等因今查英山縣民徐緣璞等田地十頃五十四畝均於雍正六八九十一年經前令章知縣胡瑄等勸令報墾陞科今勘明實係浮賠糧賦又太湖縣前發華縱故知縣李佳士以雍正七八九十十一十二等年勸此虛報未升科田百七十一頃七十九畝八分零又六安州等

知州李懋仁雍正六七等年勸令鄉民捏報墾
田五百二十二頃二十五畝三分零又英山縣
歷任知縣趙宗泉押比捏報雍正八九十等年
共墾田二百九十三頃九十三畝四分零實係
按畝加派以上潛山等四州縣虛捏不實田地
共九百九十七頃四十二畝九分零內未屆陞
科田二十七頃八十四畝一分零已屆陞科田
九百六十九頃五十八畝八分零查明原報頃
畝數目陞科銀米各欵備造清冊同道府州縣
印結該司保結送部題請開豁以除民累再此

案係雍正十三年奉文查報今應豁銀米麥石
請於乾隆元年爲始豁免統於起運項下劃除
至從前捏報各官係潛山縣叅革知縣胡瑄署
縣事按察使照磨劉成璠署事病故清查官沈
夔柱叅革知縣魏其藻署事李弘儒毛兆鏔前
叅知縣王康太湖縣叅革益故知縣李佳士署
縣事本府叅革通判牛尉叅[illegible][illegible]知縣李蕡署
縣事李弘儒六安州叅革知州李懋仁英山縣
陞任知縣趙宗炅各職名相應指叅但事俱在
雍正十三年九月初三日

淑以前應遵奉泰統聽部議等因會同兩江總督
那合詞保　題前來查雍正十三年十月內總
理事務王大臣等議原任大學士朱　條奏案
內請將各省田地抑勒首報嚴行飭禁其現在
報墾之田令各該督撫逐一確查如果虛捏不
實者即行題請開除毋得護過文飾等因奉
御批依議速行欽此行文遵照在案今該撫孫　等
既稱安屬潛山太湖六安英山等四州縣雍正
六七八九十十一等年報墾案內虛捏不實田
地共九百九十七頃四十二畝九分零內已屆

陞科田九百六十九頃八分零未屆
陞科田一十五頃十六畝四毫造具
原報陞科銀米數目容冊即行各結保題豁除
併請於乾隆元年爲始豁免於起運項下劃除
等語查與各該年原報開墾數目併陞科入額
奏銷案內均屬相符相應推廣
皇仁准其豁除以紓民累仍令該撫孫將前項揑報
已屆陞科田地統於乾隆元年爲始除已完銀
兩於各該年地下登覆案內造報撥解其未完
銀兩聲明照數開除至疏稱揑報各官係潛山
縣叅革知縣胡瑄等職名相應開列指叅但事

在
恩敕以前應邀免豁統聽部議等語查捏報開墾之
潛山縣黎華知縣胡瑄等該撫既稱事在雍正
十三年九月初三日
恩敕以前均應免其查議可也乾隆四年六月十七
日題本月十九日奉
旨依議欽此合咨前去欽遵施行等因奉此轉飭仰
縣官吏即便欽遵原詳虛捏田地照數開除出
示曉諭咸使聞知毋得私徵照已致貽民累有
于察咨其應豁錢糧於乾隆元年爲始統於起

遲項下豁除仍將現今實徵冊內花名田畝銀數悉行銷除具報並將出示緣由貼過告示處所造冊報查算毋遲延等因當經卑職遵奉出示曉諭免徵在案

附知縣張海奉查英山荒畝詳案

乾隆十九年六月二十八日在於遵

旨奏覆事案內奉 本州正堂印 奉 布政使司

高 牌開前緣該州申送英霍二縣荒無隱匿田畝各結呈送等因到司准查英山縣奏冊內有荒田四百九十頃四十[illegible]零節經檄飭遵

山查明並無隱墾緣由具結申詳各在案今墾田畝攸關國計民生敢不實心查報任聽民間隱匿透漏自甘咎戾惟是現在承糧之田將被沙淤水沖有糧無業者尚欲令老捏報本出於不得已之思按畝加派捏作墾料所以並無切實坐落坵段冊報如果有地開墾糧賦分所當完該士民併何敢上瀆　大憲求豁而鄭令又何敢並不查明遽以加派情真冒昧請豁至續後若開墾有地前縣王令吳令亦不敢聽從民間徒獲地利遽然具結舉詳此民間無私墾隱

漏之弊固已明矣但各前任止將民無隱墾實
情詳報並未將原額一千一百八十頃有其今
現在承糧之田止有六百八十九頃八十三畝
零尚有荒田四百九十頃四十九畝五分作何
着落並未議及致蒙　藩憲屢次飭查串職逐
細確查從前英邑共止有一綫之流兩道自萬
曆四十八年龍水泛漲山俱崩塌土被水冲處
處人民淹没幾盡昔時有土之山可以耕作今
已洗作石田難於闢矣昔時一綫之流山石下
蒴今已爲巨浸矣此四百餘頃之荒田已久廢

於龍水泛漲山崩土薄中矣況此際因鄉[illegible]
流小港何莫非從前新作之處是以現在實無
民間隱墾私地畝理合據實備陳冲詳
州憲轉詳查案

淡水縣志卷之八終

附録開山議詳案

乾隆二十年五月十八日奉

本州牌爲遵批轉移事奉

布政使司高　憲牌奉

宮保尚書署總督部堂尹　批本司等會詳内

開該本司等查得英山縣前任知縣李春明以

開山有碍田畝河流禁止一案奉　前憲批司

查議遵卽移會鳳陽道並行六安州確查妥議

詳覆嗣據六安州邵大業以體訪民情未便禁

開具禀經鳳陽道禀奉　前憲批委廬州府趙

守會同勘詳復經本司等轉飭遵照去後今准
鳳陽道移據廬州府遴攢會同六安州知州郡
大業會勘詳稱英邑境內山居十分之七田止
十分之三縣之東境西境有溪河二道臨河之
山僅止一面其餘皆不近河毫無碍於田畝河
流至於開山之人土著無田之民儘多賴山開
種以資衣食其閒外來之人亦多係已成家業
歷數十年安居者即或新來認佃之楚民雖不
乏之人而倚傍親友未必全無根底況一切雜糧
與棉花等項無不產於山閒是山產之利倚於

田疇且開山則遍處居民編聯保甲設立鄉約遇有事故官司經臨尚屬耳目易周稽查猶便若行禁止則人無所利勢必遷移彼崇山峻嶺盡成曠絶無人之境不數年草木叢茂深箐偏僻奸徒轉得潛踪托跡應請將沿河隣田一帶之山及向來封禁未開山場槩行禁止不得開墾惟聽留樹木以利民用其餘已墾成熟者山悉聽照舊開種至稽察外來佃種之人惟有責成山主遇有佃戶攬種必細查來歷明白方有室家者方准給佃仍編入保甲稽查如有爲

匪不法事犯山主照房主例一併懲治等情由
道移請核轉前來本司等伏查英邑地方低溼
該府州查勘明確山多田少山産之利倍於田
疇本地與外來佃種民人衣食用度多賴於此
未便概行禁開以絕自然之利應如所請將該
縣境內沿河臨田一面之山及向來未開山場
飭縣禁止不得開墾惟聽留樹木以資民用
其餘已墾成熟之山無碍田畝河流者悉聽照
舊開種並令各山主遇有佃戶攬種務須細查
來歷明白及有室家者方准給佃編入保甲一

體稽查如有爲匪不法等犯亦應如該府所請
山主照房主例一併懲治仍將佃戶等犯山主
連坐緣由并應開應禁山場界址詳繳開載出
示實爲曉諭俾窮鄉僻壤咸知遵守並嚴飭該
縣不時留心實力稽查毋稍懈忽如此庶山主
佃戶均不致有失業之虞而外來匪類亦得隨
時稽查可免潛藏之患矣緣奉飭議事理理合
具文詳覆是否有當伏祈
憲台俯賜鑒核批示遵行等情詳奉批浙邑境內
山多田少旣未便槪行禁開如詳轉飭照議但

種仍飭該地方官力行保甲留心稽查併曉諭山主居民凡遇外來認佃之人務須實有室家而又有親族在英落業者方許給佃倘係外來無籍之徒濫行給種一經事犯山主地鄰均干連坐再此等山場所種何項雜糧現開是何地畝應否照例變則陞科未據聲明仍即查明逐詳繳奪並候

撫部堂批示繳又奉

安撫部堂鄂　批同前由如詳飭遵仍候

督部堂批示繳各等因批司行州到縣[illegible]

知縣張海覆查英邑可開餘地久經開墾成熟按則陞科今所墾之處不過山頭岩隙僅種棉花玉蘆蔴豆之屬並無渠流可以灌溉全頼雨水調匀以冀薄有收穫且批佃各有年限限滿或退佃他徙即廢棄不耕非若平原田地墾熟可以經久似難責令陞科等情詳州核轉嗣奉司批州詳内開查英邑賦役全書内載成熟田及地塘折田並無山場折田在内則此山係不在全書額外之山所稱糧隨田派始於何年何案有無實據再行查詳等因到縣又經查得賦

役全書雖未載有山塲折田在內而英邑山地
原係田主隨田册業糧即撥田陞納由來已久
況現今開挖之山不成邱段佃民限年批種遷
易靡常蕩難責令陞科貽民後累等情詳奉
本州轉詳在案

山縣志卷之八

英山縣志卷之九

知縣錢塘張　澥重修

古蹟　封爵　勝蹟　塚墓　寺觀

英地四面皆山雖有水道阨於石崄舟楫弗利四方賓客罕至且置縣僅數百年遡宋以前無得而稱焉然而山川靈淑巖壑奇溫泉異卉錯列境內時有方外好遊之士攬奇搜勝始得著聞耳目其掩抑於荒烟蔓草樵夫牧豎者蓋不知凡幾矣夫山水景物待人而顯固亦時會使然至於梵宇琳宮雖未盡鉅麗之觀抑各據

一方之勝而賢傑流風存有續號沒傳遺塑皆足令人慷慨憑弔者備列於篇毋使後之視今若今之視古也志古蹟

封爵

夏英伯仲甄皐陶次子大禹所封

周英子少昊後武王所封三代以前仍府州舊志已詳見沿革內

明英山王太祖殤弟洪武中追封

英山襄武侯於顯湖廣黃梅人洪武二十年追封

勝蹟

老君鶴蹟 在羊角山頂石上有爪痕宛然唐高祖時老君降羊角意即此地耶

藏馬洞 見山川相傳淮南王英布屯牧處

英布故址 在英山尖下舊傳石壁有鑿布記

烏雲朱字 在烏雲山石壁缺內鐫字三行朱色壁險峻無可攀緣昔有人自山頂縋而下摩揭竟莫能辨

玉虹泉 在縣西北三十里太平橋傍山有石鐫玉虹三大字并刻有昔人題句

澱皮樹 在澱皮嶺上高三丈許枝葉扶踈烈蔭根露土面可坐數十人明天啓間蕭泗遇八仙於此後亦仙去樹至今存人不敢爬

英山古塔 宋末英淵立

塔石門 在西門外

徐壽輝殿基在多雲山下

苅山見山川層峯聳峭如削[illegible]岸巒嶔有泉卉尤盛有傳氏刻石屋其奇絕頂不石數丈山花木勝新山別墅

鹿溪見山川地極幽勝有精舍在溪上

茶園在縣南十五里稍產茶今無

後花園縣北七十里

藍花園縣西八里

花涼亭在北門外廢

塚墓

土[illegible]銓期墓在縣北四十里黃[illegible]沙[illegible]亦昔有祀田十畝[illegible]木[illegible]

宋

進士程居墓在縣西北郭渠山居伊川裔也

平章鄭進墓在縣西南舊記俱見州志府縣志俱不載

元

徐壽輝墓在多雲山下相傳有盜發其地者出紅蛇三日後有張姓建墳於傍土[illegible]崩

齊氏丁婦入墓在北門外未詳何代

九江王英國公墓在英山尖下塋碑尚存昔有人發其塚見鐵漆其塋內有筍出異之遂不敢發縣志按前志雖多錯者然以英布故址入古蹟而以此入邱墓又此山川其分別甚明府志不載此係州志遂改合爲一誤矣查史記布死番陽茲鄉正義曰布冢在饒州鄱陽縣北百五十二里十三步安得在此況前志修於康熙二十三年學碑尚在今代必不甚久遠茲生封公死封王明朝也如英國公張輔贈定興王子懋贈寧陽王安知其裔孫襲

封不有賴九江王墓英山者乎此等史氏遺落甚多前志不能詳考稗史紀其年代名姓殊爲可惜今姑存而論之俟考有碑記再爲訂正

明

御史張禧墓在縣東古桑

參政張子貞墓在縣東佛塔崖

戶部主事劉會墓主事死土木之難其家招魂葬衣冠處

太常寺卿金中剛墓在縣北余家舖後

副使前廬州知府英山知縣邵起墓在胡家河岸

重慶府同知沈世傑墓

荊門知州程謨墓在縣北永鎮橋河西

國朝

豐城知縣沈惟芳墓在縣北沈沖

大同府同知鄭元昆墓在縣北獅子坳

兵馬司副指揮程光浄墓在縣東大文水

鄖西知縣馬坦墓在縣東谿頭河

寺觀

長石寺縣治西北宋傑材建明萬曆廿五年衡十姓重修更名長壽寺並街道岔大川六右

伽藍寺縣治後殿雲山麓

萬壽寺縣南元特建發　普陀寺縣北十里

月明寺縣北五十里　彌陀寺即神峯寺縣西北三十五里

萬峯寺縣西四十里元時建　彭青寺縣東北三十五里閔家冲磨巒

登嶂寂靜殊常　繼興寺縣西南門十五里

黄金寺縣東十五里　五峰寺縣北六十里

龍王寺縣北一百里　集雲寺縣北四十五里

高山寺縣東北三十五里　鳳凰寺城南二十里

白崖菴縣西北四十五里明崇禎年貢生沈宗高重建

新建菴在烏雲山　新蓮菴縣東三里滿溪塔

婆娑菴縣東北五里七樹坳明成化中土人為陳仙媼立詳仙釋

靈鷲菴縣南三十里明方文識建　大悲菴縣北一百二十里

雲裏菴縣東北六十里將有雲覆其上因名左側石塔七層明萬曆元年杜姓建

永興菴縣北四十里順治十年姜佑建　興蓮菴縣東北五十里

龍井菴縣東北八十里菴下有井常出雲霧土人汲以禱雨輒驗

西來菴縣東北四十里

崇慧菴縣東五十里英山尖下

茅菴縣北阜鳴山下康熙三十年縣丞沈詩俊建

定慧菴縣北五十里

騎龍菴縣北六十里

雲蓋山菴縣西六十里

果覺菴縣北一十里

觀音崖菴縣南十五里

碧雲菴縣南五里

朝陽菴縣北六十里

瀧瀧菴縣南六十里

上馬家菴縣南十五里

下馬家菴縣南三十里

雲影菴縣北五里

龍鳳菴縣東三十里

指月菴縣東四十里

太平菴縣東四十里

鳳龍菴縣東三十五里

重巖菴

土地嶺官菴　縣北六十里舊名紫荊禪林雍正年知縣趙宗昱重建

栗林菴　縣北三十五里

梅花菴　縣北六十里

諸佛菴　縣東北一百里

報國菴　縣北十五里

石梨菴　縣北二十五里

古月菴　縣北十五里

善教菴　縣北三十里

桃園菴　縣東三十里

蓮花菴　縣東北四十里

西竹菴　縣東三十五里

萬壽菴　縣北三十五里

般若菴　縣北二十五里

木口菴　縣東北三十五里

優鉢菴　縣東北四十里

文子菴　城南十里康熙二十四年鄭西知縣馬田建

楊家菴　城南二十里順治十六年彭佳章建

[illegible]山縣志　卷之九　古蹟

[illegible][illegible]菴　在馬鞍山東北隅金[illegible]文建恩文孫[illegible]乾隆十八年[illegible]修[illegible]永[illegible]等贈餘

天齊廟　[illegible]治西北

西嶽廟　縣西門外今廢

東嶽廟二　一在縣東二里北關河　一在[illegible]西十[illegible]金家舖

關帝廟　在富家[illegible][illegible]波[illegible]上居宋以來勅建崇[illegible]行祠神[illegible][illegible][illegible]祠洪武時賊雨犯英也主膺帝贊禱於祠供護青[illegible]

月山廟　縣西北四十北父了嶺

華虎神廟　縣西五十里

坻父有伯文仙虎廷游縣[illegible]下旦誦建雲山下

廣佑廟　縣北三十五里臨河有石如龜

仰山廟　縣東北二十里遶正十二年[illegible]

九龍井龍王廟　縣北一百里多

王祥廟　縣東二十里

雙龍廟　縣北六十里

大竹廟　縣南十五里

祖師殿 在半角山岩中明戶部郎中閻一言建

太乙觀 縣西火麻坪

英山縣志卷之九

英山縣志卷之十

知[illegible]　[illegible]修

風俗[illegible]

記曰五帝殊時不相沿樂三王異世不相襲禮又曰[illegible][illegible]宜使從俗蓋天地山川之氣尚有東[illegible][illegible]北之異民生其間豈能無異王者盛於前代[illegible]殊習俗各成一朝之令典或有偏州下邑風俗所沿要皆總其大綱禁其太甚使不悖於[illegible]焉耳況邑乘所紀乃一邑之風俗拘儒或不[illegible]於古未準諸今徒據家禮一書稍有未合則

以爲非虛文誑飾欲以移風易俗蓋亦瞭矣至於物產所宜不貴珍異地雖僻陋撙節愛養其衣食器用所資未嘗匱也且物產之難易豐嗇與風俗之勤惰奢儉相爲表裏可勿察歟志風俗

圖經云奉佛真質輕商重農

州及二邑之俗自昔淳樸其儒秀者爲士勤於詩學敦崇氣節農火耕而水耨穫者傭佣自給但山民獷悍習學爲多工作技藝取辦於外傭負者所在多有商鮮奇貨土居無興販者舊州志

僻處偏隅地瘠民貧胼手胝足耕帶布衣其代

樸而不支其俗儉而不侈明季殘破之後土著者十無一二率多流寓四方風氣不一機變遂生俗之趨於偷也由來漸矣（舊前志）

按英邑風俗之美者大較有五一曰急公賦二曰勤開闢三曰少歐鬬四曰重農桑五曰喜讀書蓋英本瘠縣無他長物穀米外惟產木韉客商往來販易地鮮名園勝景不尚冶遊性柔弱憚遠出類多敦本務實最爲近古然人情莫不由勤而之惰由儉而之奢風俗遂有醇漓升降

而興廢長民者固當孜孜化導亦賴邑之賢士大夫修守前輩風規爲子弟表率則敦龐淳厚風氣日上矣

冠禮久廢不行茲不虛載

婚禮古有納采問名納吉納幣請期親迎六禮今止用納采納幣親迎以從簡便儀節大抵相同英俗之異者翌晨即廟見三朝惟入廚下祭閨以示婦職之始

喪禮士大夫家遵家禮行自始死以至除服皆不拘異亦有間用佛事者雍正元年定例官兵民

人或做道場念經止許一次

祭禮士大夫有祠堂者春秋合族致祭其無祠堂者各於堂中設主位歲時供祀拜掃之禮漢唐以後無不行者英俗每歲上墓二次春以清明秋冬或以重九或以冬至

正月一日是三元之日也雞鳴而起爆竹以辟山臊惡鬼長幼悉盛衣冠盥沐焚香稽拜祖先謂之敬香拜畢開門向吉方拜過往及出行神祇長幼尊卑咸飲酒三盃謂之出方辭復拜祖先謂之賀年畢幼以次拜尊行鄉里交相慶况與

設酒食相歡

立春前一日裝飾擡閣官吏里民於東郊迎春

祀芒神次筵觀春牛分農各家俱設蔬果迎春

卯飲春酒

元宵比屋張燈孳兒迎巧燈雜戲放花賽爆竹

簫鼓之聲達旦不絕

二月賽社十數家共立一社築室植樹其日首事

偕衆祀神於社祭畢羣飲其家極歡而散至秋

社另一首事儀亦如之即古春祈秋報也

三月清明前前一日寒食節各家詣墓所祭掃加

上修墳掛紙標餕餘而返士女於清明日戴柳枝及插門之左右是月婦女製米繭祀蠶姑以祈蠶

四月八日寺僧造青精飯相餽遺

五月端午飲菖蒲雄黃硃砂酒啖角黍門懸蒲艾或製艾虎蜈蚣綵囊等物與小兒佩之日午採百草以備藥物

六月六日晒書籍曝衣俗呼半年

七月七日夜婦女結綵縷穿七孔針陳瓜果於庭望綵雲謂之乞巧

十五日各焚楮錢奠先人或設伊蒲塞之饌作
盂蘭會超薦祖先父母及水陸孤魂
八月初戊賽社如春
十五日中秋節以月餅藕栗相餽送夜賞月或
至達曙
九月九日爲重陽登高飲菊酒以辟不祥
十月十五夜多設饌賑孤
十一月冬至日祀先祖
十二月初八日以粟果豆椒和米煮粥爲臘八粥
二十四日送竈謂竈神是日登天奏人

間善惡至晦夜始歸復迎竈

二十四日夜設饌盛衣冠拜迎祖先

晦日爲除夕貼門神春聯爆竹穿豬烹鮮集室

聚飲男女坐守夜分謂守歲

物産

穀屬

粘稻多種　穲稻多種　大麥　小麥　蕎麥　粟有粘稬二種

稷俗名蘆粟　黍亦有粘稬二種　芝蔴名曰脂麻有黑白二種

黃豆　黑豆　菉豆　白豆即飯豆　紅豆

青皮豆　虹豆　扁豆　豌豆　刀豆

泥豆　蠶豆

貨屬

棉花有紫白二種　棉布　絲　絹　綿紬　薄[illegible]

舊載英土產今續者甚少　木油　桐油　桕油　麻油

菜油　紙各志載英產[illegible]紙今止有皮[illegible]　靛　簽　黃蠟

柿漆　香朮

蔬屬

蕨　百合　薏苡　芋　萱　蘿蔔　芹　蒜

薺　莙薘　萵苣　菠菜　茄　芥　莧　匏

菘　油菜　花兒菜　葫蘆　瓠子　冬瓜

西瓜 絲瓜 菜瓜 王瓜 苦瓜

大蒜 小蒜 筍 薑 葱 薤 韭 菰

木屬

松 楠 杉 梓 椿 柳 楝 檞 桑

槐 桐 梧桐 檀 樸 杉 櫰 楓 櫧

柏 椴 黄楝 櫸楝 檄 榆 冬青

花屬

梅 桂 芍藥 牡丹 蘭 蕙 葵

薔薇 十姊妹 月月紅 酴醾 紫薇 紫

荆 玫瑰 芙蓉 玉蘭 金鳳 雞冠 玉

[illegible]　金銀　杜鵑花　虎茨　山丹　木筆

海棠　石竹　洛陽錦　秋海棠　罌粟　夜

落金　金絲牡丹　[illegible]櫻　荷包牡丹　雁來

紅　郁李　千葉石榴　千葉梔子　山茶

綉毬　荷　水仙　蘋藻　莎　荇　蘩　蒲

苔　萍　凌霄　虎耳草　鳳尾草　水蓼花

馬鞭草　芒稗　寄生草　科屋藤

果屬

橘　銀杏　杏　桃　李　梅　柿　胡桃

栗　榛　榴　棗　樝　櫻桃　梨　金[illegible]

[illegible]

藥屬

黃精　蒼朮　五倍子　細辛　藁本　桔梗

天門冬　天南星　山查　[illegible]　香附子　玄參

五加皮　苦參　乾葛　地榆　車前　[illegible]

陳皮　芫花　半夏　天門冬　[illegible]

烏藥　[illegible]　白芷　天花粉　瓜蔞

白皮　[illegible]　夏枯草　豨薟草　木賊

[illegible]　紫蘇　[illegible]　益母草　白合

常山　[illegible]　茯神　[illegible]

[illegible]

[illegible]烏 [illegible] 草 [illegible]

草烏 [illegible] 甘草 [illegible] 紫花地丁

丹參 [illegible] 枸杞 [illegible]仁 [illegible] 王不留

行 [illegible] 公英 [illegible] 玉竹 甘菊 [illegible]

[illegible]皮 [illegible] 白[illegible]根 [illegible] 萬[illegible]

[illegible]麥 [illegible] 山[illegible] 白頭翁

茯苓 [illegible] 松節

竹屬

竹 [illegible] 水竹 紫竹 鳳尾竹 [illegible]

[illegible] 淡竹 苦竹

虎　豹　狐　貍　獾　鹿　麞　麅　麝

兎　獺　猬　松鼠　菓貍

鳥屬

雞　鴨　鵝　鳧　野鷄　鸖　錦鷄　鵓

鳴鳩　鶯　鴝鵒　鴉　鴞　翠　鶉　畫眉

竹鷄　子規　鳦　鴿　鵲　鵂　鷹　鷂

鷥　梟　百舌　麻雀

鱗介屬

鰱　鱅　草魚　青魚　鯉　鯿　鯽　赤眼

花石板　石匾頭　鱗　鰕　鮎　鼈　螺

蚌

蟲豸屬有足曰蟲無足曰豸

蜥蜴　蛇　龜　蟋蟀　蟆　蝍蛆　伏翼

蠭　蚱蜢　螳螂　螢　蠨蛸　蟬　蠐螬

虰蛵　蝱　蜾蠃　螻蛧

英山縣志卷之十終

知縣錢塘張　游重修

職官

設官分職皆以爲民也况親民之吏乎庶民所以安其田里而無嘆息愁苦之聲者政平訟理也自一邑積之至於天下皆然而太平之化洽矣民之秀者爲士則又有師儒之官以教育而薰正之皆所以爲國家培植人才也英邑雖創設未久乃宋元以上令佐之見於載籍名氏者蓋亦無攷焉故志乘之修所關非淺鮮矣余自

元明迄乎當代政績之卓然者既别登於名宦其凡蒞任兹土亦皆詳其名籍次其歲時具列於篇雖居官行事世遠無稽抑或父老所傳猶有能言之者可不慎歟志職官

知縣

〔元〕段朝立 邑人至元十四年任見名宦

明許璪 大和人　朱陵

隋贊 山東人詳名宦 以上洪武年任

尚彬 福建侯官人　張肅 山東蒲臺人舉人

倪秉 陝西鄜州人監生 以上永樂年任

劉宏　河南永寧人監生宣德年任

賀完　湖廣江夏人舉人正統年任

黎九清　江西人詳名宦景泰年任

宋瑀　浙江金華人監生天順年任

周茂才　湖廣石首人監生

徐綱　四川遂寧人進士擢御史以上成化年任

楊崧　四川合州人梁人

李華　北直人

郭鄴　北直肥鄉人進士擢御史

完顏章　江西清江人舉人

陸玘　浙江人舉人

李瑄　北直元氏人舉人詳名宦

胡瑞　湖廣京山人生以上弘治

年任

李全　河南扶溝人舉人

黃流　北直鉅鹿人舉人

駱汪　浙江義烏人舉人

王時泰　浙江餘姚人舉人

孫承祖　山西平定人例貢

以上正德年任

王欽　浙江餘姚人舉人

葉邦榮　福建閩縣人舉人

曾沂　福建泉州人舉人

時紳　湖廣棗陽人舉人

歐陽祥龍　湖廣新化人監生

陶秀　江西南城人舉人

高第　北直涿州人舉人

邱經　江西新淦人舉人

潘維藩　浙江錢塘人選貢

李鳳　廣東番禺人進士　詳名宦

王燧　山東東平人舉人

王悳　河南祥符人舉人

周南　四川巴縣人舉人

吳尚禮　廣西宜山人舉人

張　岱　北直通州人舉人　陳　倚　福建舉人詳名宦　以上嘉靖年任

龔世行　浙江龍泉人舉人隆慶二年任　高維崧　江西廬陵人舉人隆慶六年任詳名宦

汪大經　浙江黃巖人舉人　胡咸賓　浙江德清人恩貢詳名宦

朱文策　河南固始人監生　蔣時梧　福建泉州人舉人

樂尚應　舉人　朱　坤　浙江山陰人

羅尚鴻　廣東南海人選貢　萬邦獻　江西南城人舉人

倪際可　山東人舉人詳名宦　汪有蛟　山東人舉人

朱之楊　北直大名人舉人　曾思孔　江西南豐人舉人

劉光啓北直無極人舉人詳名宦　向文謨湖廣黃陂人舉人詳名宦以

上萬曆年任

李日章江西永豐人舉人泰昌年任

楊世祿四川巫山人舉人　李喬楫湖楚人

陳一驥福建人貢生以上天啓年任

劉雲龍江西人貢生　姚一蘇浙江諸暨人舉人

徐時鼎浙江人舉人詳名宦　周學禹北直人貢生

許有聲北直人貢生　高仕倫四川人舉人詳名宦

鄭有興四川人貢生崇禎十五年任　邵起浙江人恩貢詳名宦以上崇

禎年任

國朝

申鍾霍　直隸人舉人順治二年任詳名宦

史良植　河南洛陽人進士四年任詳名宦

崔承祉　山西人貢生七年任

馮承舜　直隸人生員康熙六年任

張顧行　山西陽城人進士

王之勲　陝西鄠縣人舉人二十七年任

王兆元　陝西人舉人十年任撰□鄉土事

周維新　直隸人

陳震先　浙江錢塘人進士八年任詳名宦

楊朴　奉天人八十四年任

劉五瓏　山西吉州人副榜十九年任詳名宦

于鵬翥　山東文登人舉人二十六年任

李澍　山東招遠人舉人三十一年任

林□　福建莆田□□生二十九年任詳名宦

李延璵　奉天人四十八年任　　張紹遇　廣東新會人舉人五十五年任

趙宗旦　貴州平越人舉人雍正四年任

鄭　重　江蘇高郵人進士乾隆元年任　　童弘先　陝西咸寧人舉人五年任

董良弼　浙江烏程人舉人九年任　　陳步青　廣東揭陽人舉人十五年任

吳行遠　浙江烏程人舉人十七年任　　李春明　湖北沔陽州人廿六年任

張　海　浙江錢塘人十九年任

縣丞

元　張　梓　邑人舊作宋官者非

明　張德成　洪武年任

趙　輗　順天宛平人監生　　祝　安　江西人人才

蕭人安　浙江遂昌人　以上永樂年任

張鱗　山東壽光人　宣德年任

孔詰　山東曲阜人　生正統年任

林綱　浙江人　監生

王彥彬　以上成化年任

馮彰　北直人　監生

陳秀　北直人　監生

李政　北直薊州人　監生

饒鐣　江西樂城人　監生　以上弘治

年任

王璋　北直滄州人　監生

陳進　河南郟縣人　監生

伍學貴　湖廣廣濟人　監生

馮鉞　北直永平人　監生　以上正德

任年

夏　煥　浙江仁和人監生　　劉　晉　河南鈞州人監生

楊　泉　河南汝寧人監生　　何　溥

羅尚魁　四川人監生　　陸　春　雲南楚雄人監生

盧景爵　河南人例貢　　胡德化　山東人監生

王　綸　湖廣竹山人監生以上嘉靖年任以後俱缺

主簿

明　倩　贊　見知縣洪武年任

邢　徹　北直良鄉人監生　　遊　煥　以上永樂年任

孫　浩　北直良鄉人監生宣德年任

姜　忠　浙江遂安人監生正統年任

郭斅 山東人監生 成化年任

蔺惟善 山東鄆城人

常寧

余樾

竇琰 山西蒲州人監生

謝希賢

楊添盛 山東莒州人

康添慶 黔縣人例貢

舒暘 湖廣荊門人監生

徐杰 浙江上虞人詳名宦

董廷秀 山東長清人監生

徐璋 遼東人監生 以上弘治年任

姚玘 山東武城人監生 以上正德年任

李珩 浙江紹興人監生

毛俊賢 浙江餘姚人監生

孫桂 河南人貢生

劉璉 河南人監生

陳　鎮　浙江餘姚人監生

鄭　傅　河南人例貢

年任

武萬鎰　山西滎河人例貢

張汝容　江西泰和人

王　州

宋　煒

李之蕃

魏[illegible]朝　山西[illegible]建人

張[illegible][illegible]　江西人以上萬曆年任以後裁缺

朱　選　河南人例貢

李恩敬　山萊青東人例貢以上嘉靖

許希尹　以上隆慶年任

汪　梁

曹應箕

陳　楫

方　[illegible]

沈應麒　浙江會稽人

典史

明

鄭衍　洪武年任

吳銘　北直武清人，宣德年任

王傑　山東昌邑人，正統年任

馮凱　浙江慈谿人

郗銘　山東歷城人

鄭誠　福建閩縣人

王承惠　浙江餘姚人

陳英選　福建人

熊御　江西人

陳璽　北直人，以上正德年任

唐懋　湖廣巴陵人

魏恩鄉　福建莆田人，監生

黃大山　福建人

胡守約　河南人

徐謝　湖廣黃岡人，以上嘉靖年任

李生 湖廣孝感人 隆慶年任

俞相 浙江仁和人

林汝高 江西永豐人

馬應祥 浙江仁和人

張黌

陳國典 浙江平陽人

廖香

何勳 以上萬曆年任

顧大受 泰昌年任

唐一桂 天啓年任

盧肅 廣西人 監生

徐進賢 湖廣瀏陽人

鄭邦傑

鄭尚嗣

孫國珍

王端

趙家旂　浙江山陰人

賴英　福建龍巖人，後家於[illegible]。以上崇禎年任

趙惟孝　浙江人

國朝

沈光圖　直隸人，[illegible]籍所[illegible]

沈以燦

王立貴　直隸人

趙繼[illegible]　[illegible]人，以[illegible]年任

李孟璉　浙江人，詳名宦

[illegible]　[illegible]人

王紹益　浙江[illegible]人

[illegible]　[illegible]人，[illegible]天[illegible]

王孝恩　湖廣人

徐[illegible]　[illegible]人，[illegible]

孫溥　順天[illegible]人，雍正六年任

[illegible]　[illegible]人，[illegible]

李蘭芬　河南[illegible]人，[illegible]

[illegible]

蕭本誠　浙江錢塘人，[illegible]六年任

[illegible]

陳燦文　浙江山陰人二十年任

巡檢

國朝

程文林　[illegible]

王仕俊　陝西涇陽人

徐文定　浙江餘姚人

姚□里　順天人

胡際隆　山東□□人

孫叔大　順天大興人以上康熙年任

韓文彬　順天大興人雍正年任

陳廷彬　浙江錢塘人乾隆元年任

邢其□　四川潼川□十七年任

□淵濟　浙江人

衛□　湖廣人

董□華　□人

謝步亮　□人

儒學

教諭

明

陳鼎　孔善山東曲阜人舉人詳名宦以上洪武年任

艾弘道江西豐城人儒士　蔣諒湖廣零陵人舉人以上永樂年任

陳子章廣東南海人進士宣德年任

徐鼎江西吉水人舉人正統年任府州志皆注云有傳傳未見

許禎湖廣應山人成化年任

余洪廣東人　齊必奎四川遂州人以上弘治年任

李邦傑福建長樂人舉人　劉怡浙江慈谿人
曹儒北直真定人　朱達北直徐州人以上正德年任
吳惟學湖廣沔陽人　朱佐江西金華人
簡宗儀江西新喻人舉人　張黼浙江龍泉人
馮源浙江人　陳九成廣東高要人舉人縣陞御史
張其恭雲南昆明人舉人　鄭茂寬浙江黃巖人
王以莊福建惠安人舉人　王錫福建晉江人
顧堯輔山東清平衛人舉人陞知縣　秦文提浙江會稽人舉人以上嘉靖
年任
朱彩江西貴溪人舉人　漆星湖廣巴陵人

石烺　貴州人以上隆慶年任

沙真簡　湖廣黄陂人　　項元淦　浙江秀水人

劉世光　山陰人舉人陞知縣　　謝詰　河南永寧人

吳一仁　浙江蘭溪人　　張淇　無錫人詳名宦

汪瀚　浙江遂安人陞知縣　　王褒　山東人

余應魁　湖廣黄人　　顔佐　江西進賢人

曹倏　望江人陞教授　　吳維聰　浙江烏程人舉人

蔡夢賜　福建延平人舉人　　鄧憲中　山東人以上萬曆年任

俞應桐　四川榮昌人　　劉蘊珍　湖廣蘄黄人

諸葛桂　湖廣武陵人以上天啓年任

王學項資州人崇禎年任

國朝

楊金鼎華亭人貢生陞教授詳名宦

王天璧桐城人舉人以上順治年任

劉心穀江都人副榜康熙三年裁十五年後設

宋駿業長州人陞翰林院待詔

周蕃江都人陞教授

吳之駿[illegible]縣人舉人陞教授詳名宦

陸志默山陽人貢生

蔣士裕江都人貢生康熙五十六年任

姜彥渭丹陽人副榜雍正元年任

李宜瑞金壇人副榜三年任

程耀先太平人副榜九年任

施瀛選崇明人副榜乾隆元年任

胡天植尚鄉人副榜三年任

陳益吳縣人舉人十年任陞知縣

方超桐城人舉人十八年任

訓導

明

胡瑶　洪武年任

楊聰

盧贊　湖廣麻城人

韋壽　湖廣蘄學人

劉溫　江西永新人

李大倫　河南汝寧人

彭焜　江西南康人以上正德年任

劉明　北直開州人

李鐸　雲南大理人

周良翰　四川人以上成化年任

黃偉　福建人數上弘治年任

王厚　河南長葛人

龔夢　福建邵武人

許波　浙江嘉興人

桂林　湖廣[illegible]化人

彭應奎　廣東遂寧人

吳廷秀 福建閩縣人　熊汝麟 廣西梧州人

沈滄 湖廣茶陵人　許誠 四川綿竹人

馬元俊 湖廣荊門人　袁璧 湖廣蒲圻人

陳廷霖 江西樂安人以上嘉靖年任

周銘 湖廣襄陽人　王釗 貴遷人以上隆慶年任

陳棟 浙江昌化人　王九思 桃源人

趙乘珠 山東青水人　顏樾行

許應其　張烑 貴遷人

張士魁 北直內鄉人　張守 四川蓬州人

趙廷對 河南鄢陵人　周勳 歙縣人

陳汝節 [illegible]人

趙[illegible]人 [illegible]

趙思敬　黃讓

馬亮　竟忠

李絹　張景受

馮仁　郭學

高仁美　孫汶

李虎　王鳳

楊軸　王信

歸有德　丁紀嘉

楊文魁　舒以化

陳用極　以上萬曆年任　以後失攷

國朝

吳徽修　武進人

徐應星

陳心學

湯調鼎　以上順治年任

何景宜　宿松人　以下康熙年任

程令遇　霍邱人

甯　擢　潁州人歲貢

孫　玫　宿州人恩貢

程　洒　歙州人恩貢

胡尚綸　涇縣人歲貢

江之謙　黟縣人貢生

蔣同挺　上元人貢生

徐文衍　興化人歲貢

林　琦　山陽人貢生　雍正十七年任

陳于清　石埭人歲貢　雍正三年任

章孫虔　貴池人歲貢　十一年任

邢孫麟　高淳人歲貢　乾隆元年任

周稚炳　上海人歲貢　二年任

李章起　桃源人歲貢四年任

孫斗魁　南陵人歲貢八年任

湯翊棣　宜興人歲貢十三年任

李治隆　歙縣人歲貢十七年任

英山縣志卷之十一

英山縣志卷之十二

知縣錢塘張　瀚重修

選舉

徵辟　科甲　貢監　掾曹　武科
封蔭　出身　無攷者附

三代取士鄉舉里選兩漢猶重徵辟隋唐以來設進士科上林出身强半由此雖所試不同而歷代遵行相沿爲最久明制甲乙科外又擇郡邑博士弟子之優異者貢入太學俾舉惟初年舉行中葉而後乃有援例入貢監者武科明制有會武舉未得會者仍就鄉試或中式至五六次崇禎間始殿試置鼎甲如文榜焉英邑文武

甲乙科雖不乏其人然較之他邑未得爲盛今

文治日隆諸生爭自砥礪雲蒸霞蔚固當蒸蒸而

日上矣志選舉

徵辟

宋

鄭進　舉文行累官同平章事英山人見府州志

按各志俱載宋平章官鄭進今英邑鄭氏舊有

碑刻稱唐平章大夫世遠年湮既不能考其時

代事蹟則仍以碑刻唐平章爲是

元

段朝昇　舉賢良官陝州州通判

明

樂仲禮　舉孝廉官唐縣知縣

程希賢　舉秀才官僉華府推官

郝　榮 舉文行官鴻臚寺少卿　段維新 舉文行官禮部主事

李　鑑 舉才能官嵩縣守禦所吏目　王寧南 舉才能官饒州府同知

李　澄 舉才能官汾陽州判　沈世傑 舉才能官重慶府同知

李仲良 舉才能官處州府同知

進士 舊志有唐沈佺期已經府志辨削

宋寧宗嘉定十年丁丑吳潛榜 是時夾山尚未置縣

段文煥

恭宗德祐 府州志以前諸科皆列某科狀元榜此獨不載他籍亦別無登第者

段朝佐 臨州路將　程[illegible] 禮部尚書

按度宗咸淳十年甲戌省試以元兵下成都蜀

士來至廷試展至七月度宗崩恭宗即位乃倣召試館職之制行之府志王龍澤榜是也次年即德祐元年正月元兵下蘄黃二年二月入臨安毋論軍旅倥偬有所未暇而宋室定制英宗以後皆三歲一貢舉則德祐既無省試安有進士餘見徵辟所論宋以前諸科目蘄羅志俱不載

明

洪武二十一年戊辰任亨泰府州志俱作泰亨誤榜

張禧御史

正統十年乙丑商輅榜

劉會戶部主事詳忠烈

田弘恩　光禄寺署丞

國朝乾隆十二年丁卯科

金序爽

貢生

明

洪武

王宗寧　[illegible]　　江彝　辰州府通判

余彥廷　　張　齊

陶廷驥　　張子貞　翁源[illegible]　人物

汪正誼　經歷　　黃　極　[illegible]

江夫本　[illegible]　　胡　[illegible]

舒文清　林森

永樂 申致誠　王進 [illegible]

湯蘊 [illegible] 知縣　王繼 [illegible]

陳□賢 金華府推官　沈璩 [illegible]

馬徽　董増

宣德 趙銓　徐彬

包洪　朱潤

正統 熊斌 [illegible]　錢敬 [illegible]

胡寧 [illegible]　周[illegible]

景泰 劉[illegible]　許[illegible]

張賢 嘉魚教諭　　姜衡 建陽主簿

王南英 恩貢山東巡按府志不載州志詳云有傳傳亦未見今備入人物

天順 楊瓊 處州府照磨　　鄭玘 納溪知縣

王邦憲 選貢

成化 汪本 教授　　王瑨 雙流知縣

段徽 經歷　　黃瓚 瀘溪主簿

陶鎔 館陶訓導　　聞善 河南府教授

王銓 長樂縣丞府志云有傳傳未見　　程碻 長史

蔣宗 蘄州判詳隱逸　　黃鍾 太寧府通判

王桂林 教諭　　胡啟蒙

黃上林 都事

弘治

祖述 訓導　　段愚 經歷

胡訊 雲和主簿　　鮑彬 黃巖縣丞

沈大鵬 布政司經歷

正德

閻緯 訓導　　段儀

吳安 九江府知事　　黃武林 巴縣訓導

黃友會　　黃貢林 朝城訓導

段成 公安縣丞　　李珏 蘄水知縣

李華

嘉靖

鄒達 嘉善訓導　　王鉞

陶　佑　雄縣丞

王邦憲　金華經歷

徐　珍　蘄縣主簿

馬　清　鉅鹿知縣

程光先　邵武經歷

匡　時

王元傳　容城知縣

孔承祿　教諭尋孫建始知縣

熊君甫　教諭

段弘仁　詳孝弟

汪惟定　順州府經歷

王佩之　安遠訓導

汪惟和　南漳教諭

胡　芳

張　翀　東光知縣詳孝弟

方　榮

鮑　倫

葉　徹

王　銓　府志亦註長葉縣丞舉業重山

王　鐵　以下四人選貢

程　謨　壽昌知縣	程榮恩　歸德府同知府志作歸州同知
陳　緯　武安教諭	李文耀
程　誠　樂陵主簿	吳尚文
王廷璋	夏　儒　贊子滄州判官
張振朝　桐鄉縣丞	劉憲章
吳夢昌	馮世賓　崇德縣丞
金　燦　萊蕪縣丞	高　照　蒲臺縣丞
王　琉	段景淳　博平訓導
程尚賢　樂陵訓導	李　腓　歸州訓導
蕭　儀　秀水縣丞詳人物	王德新　清江訓導

[illegible][illegible]顯 洪[illegible]教[illegible]

鄭順貴 [illegible]陳[illegible]

林祥林

包[illegible] 蘇[illegible]丞

程穩 解州判

正[illegible]

蕭尚格

劉[illegible]

閔鵬中 興國州同 [illegible]人[illegible]

胡聯灘 蘇州府 同[illegible]

沈大川 茶陵 [illegible]同

高[illegible] 主簿

沈國遜 南陵教諭

李遇春 西城知縣

胡以徵 丹陽教諭

蘇尚學 [illegible]訓導

沈大孝 黃梅主簿

胡明相 邵武縣丞

喻尚文 [illegible]訓導

趙建中 [illegible]

[illegible]山縣志　卷之十二　選舉

鄒郤 荊門州學正

鄒孔洙 雲夢知縣

王子貞 [illegible]縣教諭

閻韶

劉棐

鄒[illegible] 應天府訓導

李常泰

鄭際時

朱應聘

熊川 章州訓

高攜謙 [illegible]昌知縣

鄧韶 黃州府教授

郝經 新建教諭

程伯乾 高安縣丞

趙應龍

徐時夏 學正

蕭希武 金[illegible]訓導

王鼎臣

蕭尚振

杜述忠

泰昌
朱錦　武進訓導　　程大作

天啓
沈再祥　宛平縣丞　詳人物　　程子序

劉世芳　五年拔貢　詳忠烈　　程子俊　六合訓導　詳人物

程子鐸　　李燧

蕭時霖　副榜貢　詳忠烈　　沈惟鵬

崇禎
李大成　州志作大用誤　　黃道元　常州知縣

闞一本　恩貢詳人物　　鄭承松

鄭孔翰　　余文淵

鄭清榮　清江縣丞　　鄭我榮　經歷

鄭學榮　　蕭希彥

關可宗 詳人物
余有珩 詳選舉
鄭朝璣 貢 詳人物

國朝

順治 鄭泰翰 三年
呂應璣 五年 東流訓導
金元鳴 七年 臨淮訓導
蕭汝澡 七年 詳人物
沈惟芳 十一年 豐城知縣 詳人物
劉應會 十五年

鄭萬台
王子肩 詳孝弟
蕭灝

蕭汝譜 四年 詳人物
余有璞 五年 拔貢
龔承勳 七年 恩貢
鄭陽榮 十一年 拔貢
鄭世綸 十三年 太和教諭
鄭承珍 十七年 桃源教諭

熙　蘇迎元　元年

蕭時豐　九年

余有鼎　十四年恩貢

賴泰滙　十六年

李天錫　二十年

彭佳章　二十四年

段肇修　二十八年

沈三捷　拔貢詳人物

傅再济　三十四年

鄭同甫　三十七年拔貢詳人物

蕭時瑜　九年　云有傳

蕭希鯉　十二年

余道焜　十四年

傅紹訓　十八年孝弟

段卜墀　二十二年

段爾麟　二十二年

張秉祁　[illegible]十[illegible]年

沈三樓　三十三年詳鄉飲賓

蕭秈中　三十六年

鄭文郁　三十八年

蕭翔鵠 四十年石康訓導詳人物　　傅有錫 四十二年

鄧可爍 四十四年　　胡公行 四十六年

沈三璋 四十六年恩貢　　王　璋 四十八年

王道夫 五十年詳義行　　胡美廷 五十二年潛山訓導

劉子綸 五十四年　　王道鄉 五十六年

胡正南 五十八年　　張金貴 六十年岳州府訓導

劉光材 六十一年歲貢

雍正

程光濬 元年拔貢詳孝弟　　汪超觀 元年祭目訓導

馬　灶 三年鄖西知縣詳人物　　沈有宏 五年如皋訓導序姑傳

鄭元譜 七年拔貢詳孝弟　　蕭和璧 七年拔湖訓導

李修 九[illegible]人[illegible]　　傅有宣 十一[illegible]詳人物

鄭元蔭 十三[illegible]科貢　　劉琪 十三年拔貢

歲登 馬墱 元[illegible]年詳人[illegible]　　余良家 二年[illegible]縣訓 貢詳人物

王[illegible] 四年　　王錫瑞 六年

馬[illegible] 六年[illegible]貢　　鄭元圭 八年

鄭元功 十八年[illegible]　　鄒玉遴 十二年恢 詳[illegible]

劉[illegible]鼎 十[illegible]年 恩[illegible]　　金紹僑 十五年

馬[illegible]鈺 十年　　程明梓 十七年恩 貢詳人物

鄒昆錆 十七年拔 貢詳孝弟　　傅作棟 十九年

胡廷煌 二十一年

[illegible]

例貢

明

夏正春 海寧主簿　張鳳儀 崇仁主簿　馬圖 崇仁主簿

朱鳳梧　金世冰　黃金 光化知縣

夏尚志 主簿　湯傑 袁州府經歷　閻尚 浙江倉大使

國朝

傅有[illegible] [illegible]人　程光游 兵馬司副指揮詳義行

沈松　鄭元燮　戴振孫

余廷瑞 詳義行　金紹儀　段瑞

鄧炯 詳孝弟　程光謙　金秉瑜

金彥斌　馬祖鋐　姜一詔

彭維中　鄭一嶼　傅作椅

例監

明　朱　榮　陽穀主簿　李　弼　華陽主簿　鄭　郭　襄陽主簿

汪仕聯　建德主簿　李仲謙　典史　王　森　鄧城典史

胡　浴　永新典史　葉　儀　襄陽典史　段存發

段存仁　倉大使　金國寶　太醫院吏目　金國忠　呂梁主簿

程貢魁　晉江縣丞　沈　珖　餘姚知縣　段一甲

金世祈

例　鄧林楨　考授縣丞　沈詩和　考授縣丞　彭佳彥　考授州同

例　沈詩俊　考授縣丞　程　鑑　考授縣丞　金秉鑑　考授州同

鄭元昆　大同府同知　程光洮　考授州同　閻學詡　考授州同

程明標　試用同知
胡延詡　留于州吏目
段肇伊　考授縣丞

程明梁　陽穀縣丞
江漢彥　考授縣丞
馬世銳　考授州同

段肇仁　考授州同
鄭元音　考授州同
彭應璧　考授州同

馬世爵　考授縣丞
鄧熤　考授縣丞
李肇　考授縣丞

沈書堯　考授州同
程明檢　考授州同
姜志隨　考授州同

彭應正　考授州同
段肇交　考授州同
余廷溁　考授縣丞

傅有鉞　考授主簿
余廷泓　考授州同
傅作湄　考授主簿

程明桂　東河典史
聞兆邏　考授州同
馬道法　考授州同

杵必興　考授縣丞
程天時
彭䶮

[illegible]
傅有錠
聞世英

杜永言　馬道洵　程明材
王錫砡　金紹彼　王琮
沈應禹　夏日炳　鄭繼誨
方先智　胡梓　汪宗柱
程晰　胡友鴻　金儕濟
彭正文　傅潤　瀟大仕
胡中爆　方宗恒　余良洙
鄭同昌　傅作楫　彭其和
胡廷詩　鄭一鼎　胡若璉
王繼定　徐大正　馬光淇

陸明林 沈承宗 余延埃
段祚楷 姜洸 傅作滋
杜興洪 王璣 段存蘊
彭正宗 陶鼎 蕭方瑛
胡延炳 余長渲 沈蕃林
閻兆昌 穆光沁 鄭一堅
馬道洁 胡世灼 程明榮
傅作楫 段秉烈 葉燦瀣
沈蕃田 劉學熙 張世祚
段祚詠 王從鋼 方衍濟

傅上極　彭正本　蕭方昆
馬世昌　姜讚　程明樓
金紹信　胡延松　徐大書
鄭一沐　杜興發　余良宗
傅士煒　余序璣　劉得仁
殷祚論　鄭一瑞　胡應鳳
蕭方煥　程明樓　殷祚英
馬遊瀅　余序河　蕭大炳
傅士棋　李錢　余明哲
彭正綱　江友璉　程明楷

傅作霖　王從契　熊啟爵
徐大榕　郝維詮　胡如玉
沈善森　鄭一翹　傅作淅
鄧可熉　蕭大林　闞兆晨
張光燦　彭其名　段祚華
程明榕　方衍璜　鄧昌鏵
沈壽洲　姜一秀　蕭方嵋
杜興信　胡檝　彭其淇
余序琰　段祚蔭　余蛟
馬道灝　蕭大觀　余扶爵

徐道讓 鄭一璘 蕭方琇
段肇全 程明楙 杜甫嵩
彭正道 余寶謙 徐大穩
李世嫻 彭正楙 程明桐
余震善 金序衎 傅士格
姜日標 段祚怡 蕭大極
段祚許 馬道潤 曾祚肯
沈承薦 金從爵 杜開璵
劉鋭 彭正經 程行灼
蕭方煃 傅士梅 閻兆昱

王錫蕃　汪正本　蕭方晨
胡應龍　沈詩蒸　王之栢
傅士李　胡延燦　沈步誠
馮道邁　金任爵　彭其泮
姜自棟　方衍模　蕭步瓊
鄭一支　程明燦　余良宸
傅作榮　王從伊　金序渭
胡應棣　戴永俠　蕭步爍
彭正色　沈秉謙　程衍焜
王從藩　彭自德　胡鼎周

沈尚庠　衛士桀　汪傑
余善庸　段祚梓　余良浩
鄭本文　馬道瀏　胡應俊
王之松　彭甚福　李溶
余良宅　徐大緒　段祚師
胡鎮　劉中渭　龔士詠
渦光昇　胡應旦　馬際梁
徐大楷　段祚枚　沈與賓
沈承諭　鄧大泮　鄭元臨
王從藻　徐在明　彭其洛

胡華伸　李震　段永源

胡華銳　徐道楷　程行灼

鄭本桂　傅作楷　鄧大埥

胡應曙　沈尚貢　胡華佑

王從伯　徐道樸　徐珠

鄧鉅　段祚檜　葉榮淮

余良鎮　杜興榮　徐在浙

衛士桂　余善啓　胡應傑

胡華瑞　彭其祿　徐道銓

徐道標　杜再暘　段前樑

鄭元春　蕭方球　余良寶
鄧大坦　姜日粱　胡華謨
傅士粱　徐道淵　熊啓璋
彭其桐　方衍泮　徐道繇
鄧昌鏈　彭其庶　胡應晉
沈舉智　胡可遵　蔡元讓
杜再晨　徐大維　胡準易
蕭方鼎　李芝基　吳世銘
金賓　傅士楫　余延溶
鄧大塌　胡應昂　段聯佐

劉昂　方衍熙　王韶

胡顯堂　蔡元成　徐在易

徐大成　徐在詩　徐大鑑

徐惟琮　杜[illegible]貫　程明枋

掾曹

國朝王佳章（歲貢太平府經歷）　鄧可燦（兗州府經歷）

王天祿　程光沃（驛丞）　程賢臣（經歷）

沈詩融（經歷）　段鵠（吏目）　馬世達（經歷）

方一俊（典史）　沈嘉升（吏目）　胡延誠（典史）

彭正璋　鄧可耀（經歷）　李常謙（經歷）

王民俊　段鏊熙　湖[illegible]

陽世祿州同　沈詩兆典史　段祈懋教諭

李遠經歷　方宗璉　程明楨吏目

鄭元倫典史　段琦經歷　劉甯

閔其睿　舒其禩　沈書紳經歷

胡延勳　王從綸　程朝栩經歷

沈書盤州同　方宗夫　杜國義經歷

李智經歷　沈承恩經歷　方衍獬

符作濩經歷

武科

宋

段琎　寧宗嘉定年解元

國朝

溁鼎　康熙二十年辛酉科拔貢選例候補縣丞

劉騰

宋

段文熾　以子例立貴贈知縣

明

洪禧　以子□貴贈右參政　　何名宣　以子會貴贈主事

張德　以子□貴贈知縣　　金□□　以子中朝貴贈太常寺博

閆尚德　以子□中貴贈州同知　　閆朝中　以子一言貴贈戶部主事

程永爵　以子說貴贈知縣　　沈文幹　以子大川貴贈州同知

劉一龍　以子世芳貴贈知縣　　黃海　以子敬貴贈知縣

鄭□　以子孔鸞貴贈學正

國朝沈冉桐以子惟芳貴贈知縣

程鑑以孫炯貴贈奉直大夫

程光浄以子明標例封奉直大夫

閔世英以孫兆選例贈儒林郎

閔學誠以子兆選例封儒林郎

程光淵以子明桂封修職郎

馬世祿以子道法例封承德郎

出身無攷者附

宋杜萬鼎歙縣知縣

杜百懿潞陽教授

段振大理評事

張梓桐柏縣丞

元方千十大理評事

沈有恭總管府推官

閔德巡檢

明方武伯州丞縣

英山縣志卷之十三

知縣錢塘張 海重修

武備 武爵武功附

自古久安長治之世罔不嚴武備蓋兵可千日而不用不可一日而不備也詰爾戎兵張皇六師古聖賢所以尤惓惓也英邑之在今日彈丸黑子耳況我朝禮陶樂淑兵革不試百有餘年矣而儆戒無虞綢繆未雨雖窮鄉僻壤莫不規模整飭防守嚴密蓋亦以詰姦慝而衛良善用意深遠也故能

銷不軌於未萌陳懿德於時夏所不謂有備無患者乎非獨自吳楚邊邑山林峻[illegible]為守土者所當愼而已也志武備

英山在明代屬六安衛分鎮至崇禎十五年始設副總一員千總一員把總一員

國朝順治二年設駐防守備一員兵一百名康熙十三年增防官兵二百名置都司一員後裁去令定屬六安營參將領設分防英山縣把總一員領步戰守兵九十三名內公糧九名養廉六名字識一名弓箭二十五名鳥鎗三十四名籐牌[illegible]

八名乾隆十八年奉　文派撥茅草畈兵弓箭一名鳥鎗三名十九年知縣李春明詳請增馬兵四名已經奉　文準撥共額設馬兵四名步兵八十九名

乾隆十八年六安營分撥駐防茅草畈千總一員領步戰守兵三十名

營守署今為把總署在北門中為堂三楹左廂房一間後住宅四間前儀門樓一座又前頭門三間左營書房一間馬屋一間

千總署在茅草畈中為堂三間後住宅三間左右

廂房各三間前官廳三間外牌樓一座乾隆十八年署縣李大壄建

演武場 小教場東門外 大教場南門外

茅草吸營房二十間乾隆十八年署縣李大壄建

又營房十間二十年知縣張海建

統防

〔明〕張惟月 副總

蔡之俊 千總　陳佐周 把總

守備

國朝吳猶聖　李琳

薛應魁　劉世魁

高舉　張國祚　以上順治年任

褚得勝　俞尚德　以上康熙□年任新□　以□裁陵

都司

閻爝　直[illegible]宣化人巡[illegible]十三年任以[illegible]裁陵

把總

國朝

馬九　山東人有傳　祝[illegible]　[illegible]人行伍

高[illegible]樣　張[illegible]　山東人行伍

金鼎　郭[illegible]　[illegible]人行伍

陳秉五　[illegible]　[illegible]人行伍

潘得華　[illegible]　山東人行伍

張瑜 人 行伍　　段韋 人 行伍

郭寧 由東營 人 武舉　　陳鵬 由山東 武舉

徐炳 英山人 武舉　　劉世雄 人 行伍

王繼勝 乾隆十八年 行伍

徐邦俊 人　　周邦 蘄州人 行伍

徐 人 武舉　　徐炳

東鐵爐坳汛營房三間烟墩三座牌樓一座守兵

名

西潛塘河汛營房三間烟墩三座牌樓一座守兵

名

遂辭職歸

國朝程萬卷廣州府都司

馬騰雲廩生思元子也年十四爲流寇所掠有義僕二人曰辛午曰小八亦遇難相隨奔四川從軍營順治六年以功授夔州府都司年五十給假省親其子遂留雲南舟次楚江時思元年七十餘無子聞其尚存棄家尋訪同泊舟次騰雲識鄉音具問所由乃其父也相持大慟計離家三十六年矣歸復娶妻生子數歲而卒子城後入邑庠

龍占春本籍英山人由行伍屢次隨征有功累官以遊擊管雲南鎮標左營千總康熙三十五年隨選喝爾咀車輛議敘加四等錄用候選三十七年以老歸籍又二年而卒

縣志卷之十三終

英山縣志卷之十四

知縣錢塘張　海重修

名宦

古之以循吏稱者類皆所居民樂所去民思而嚴威斷立聲譽者不與焉然吏傳所紀代不數人英山雖元明來始立爲縣其地不過分屬於蘄羅而唐宋以前令長之見於各志蓋亦無聞焉豈吏斯土者果無可紀歟抑僻州下邑採風有所未及史氏亦多遺落歟何循吏之不概見耶前明始置名宦祠從祀聖廟郡邑各有志乘

於是才猷政績卓然可紀者莫不書之彩表[illegible]
以俎豆非若故老傳聞終歸澌滅也[illegible]

元

段朗立邑三吳鄉人少有大志能文[illegible]
隨父文憑選入太學校書授文林郎咒兵南下
卿宋運將終遂謀歸保鄉里聚眾保護仙人寨
立堡樹柵盜不敢犯端平中檄爲潜江制置使
擁重兵十餘年未嘗挫衄德祐三年奏立以羅
田東直河鄉地遠請改立英山縣即授知縣明
年公廨成以良吏聞各志同
按宋理宗十年甲午改元端平歷嘉熙淳祐至

二十九年癸丑始改元寶祐恭宗德祐元年正月元兵下蘄州知州管景模降鄰近州縣已望風歎附二年二月元兵入臨安帝以三月入覲五月至上都降封瀛國公傳中年代姓諱若此且以朝立爲宋臣皆諱今畧爲辨正無從改定也

［明］隋贊字從禮山東人洪武元年由茂才授主簿撫賊滿支友王玉二等以功陞知縣復有異政除虎患擢通判袁州府

孔善山東曲阜人舉於鄉授訓導造士有方進教

論父祥卒葬於英留其子彦綸守塋遂家焉

黎九清江西人景泰中知縣忠信明決吏不敢欺民汪老無子貲二童一爲嗣一爲僕汪歿以爭産訟莫能辨閱其牘一名童一名美悟曰童首從立乃嗣子也美首與義同乃義養之僕耳安得與嗣爭兩人俱服

董廷秀山東長淸人弘治間主簿嚴毅廉潔緝奸宄勸農桑自奉儉薄不以累民民爲建去思祠

李璋北直元氏人弘治間由舉人知縣事明敏淸介甫下車即疏滯獄囹圄頓空抑豪強卹里甲

尤亟學校修舉廢墜爲諸生嚴立課程時加考
校給燈油筆劄以內艱去士民感泣祀名宦
徐杰浙江上虞人弘治間主簿從政剛果除盜有
方境內屏息邑人思之祀之土地祠後請入名
宦
李鳳廣東番禺人進士嘉靖中知縣爲政寬不傷
易聽訟洞悉民隱歲歉請賑親詣鄉堡面給餒
瘠山中有大盜數十年莫能捕治從指窮其巢
穴徵斂以時修學訓士三年擢大理評[illegible]官
左布政使

陳儁福建長樂人舉人嘉靖間由壽州學正擢知
縣事專務德化講學課文舉行鄉約風俗丕變
以叔爲郡守當調英民赴闕保留不允改知泰
新蔡行取主事
高維崧江西廬陵人舉人隆慶中知縣布衣蔬食
輿蓋不飾除窩訪清吏弊舉行鄉約修建學宮
日聚諸生課藝行取御史民爲立祠
胡咸賓浙江德清人恩貢萬曆初知縣耿介慈和
留心學校祀名宦
沈際可山東舉人萬曆間知縣單車赴任居常蔬

孽城勢危甚或勸之出避曰吾職守土與城俱亡耳抗慷罵賊死賊去邑諸生鄭萬合歛其遺骸面如生邑人哀感爲之營葬表其墓曰忠烈

高公　按明史忠義傳崇禎十四年六月流賊賀一龍左金王等襲陷英山知縣高存崙抗賊死

鄒逵浙江監貢崇禎十六年任知縣舊治東壖壁涤櫟鄉戶口萬餘至是僅存數十多方招集給以牛種土著流移咸仰賴焉以卓異遷推部擢州府管河南木梁道辭歸居英卒葬胡家河畔

劉東陞霍邱直隸舉人　國初知縣治添樓鄉茅齋
寨與自奉菲薄繳赴縣治斬荊棘經營結搆爲
堠民議命濟懶得免五載以典史沈光圖爲楚
賊所殺坐累罷官行李蕭然士民無不哭送
史良楨河南洛陽人進士順治四年知縣寧年甫
十八□老成□以過之問民疾苦釐剔奸弊陞
□學校五年二月楚賊程孟顏率侵單騎入郡
乞師過霍邑爲土賊所執尋釋之遂僑治廬州
六年八月領兵來英至地名石頭紫突遇賊衆
兵敗被執不屈遇害邑人爲之營葬十五年奉

本道孫概移圖歸洛士民捐資爲助道旁祭奠不絶

楊金鼎州志作鼎謨華亭貢生順治中教諭綽有師範諸生日以文藝請益或有事爭執據理折之無不[illegible]平陞教授

陳[illegible]先浙江錢塘人進士康熙八年知縣革火耗減雜用輕省費百務從寬建學養士請廣文武生額士服其教民懷其澤

[illegible]孟珽浙江人任典史清理保甲捕緝盜賊克稱厥職以忤縣令罵罷歸輿論惜之

劉五緯山西吉州人副榜任知縣痛革積弊減除
清費捐俸修學編纂邑乘於康熙二十三年刻
行歷陞知府

李澍字用霖山東招遠人舉人康熙三十一年任
知縣邑苦宣船鹽頭兩弊爲詳上官革除嚴重
緝逵人不敢犯暇則集士課文藝且勉以實行
歷任八載卒於省闔邑人感之

吳之驎字耳公歙縣舉人任教諭嚴課程飭行檢
一循白鹿洞規條倡議改建學宮在任十五年
陞鎮江教授著有經解及詩文集如干卷

宗昆字麗天貴州平越人由經魁知英山十年政簡刑清愛民育士創凌雲義學兼置義田清漏澤園修舉廢墜善政頗多陞四川攸李撫令報歛不能持正後邀　恩豁免亦未致累云

董良弼號守齋浙江烏程人由舉人知英山縣四年清廉慈惠愛民如子其砥礪士行振興學校多方造就不遺餘力故士氣鼓舞文風駸駸日上至今士類戴之

英山縣志卷之十四終

英山縣志 卷之十四

英山縣志卷之十五

邑人[illegible]　知縣錢[illegible][illegible]　[illegible]重修

人物

英山自元至元間始立爲縣文[illegible]士大夫無得而稱焉然斷碑殘碣存者[illegible]有能言其姓名以至者鮮曰[illegible]不可謂非[illegible]也遠者前後三百年間[illegible]天下[illegible]爲一代偉人者而[illegible]待樹[illegible]然[illegible]亦多矣[illegible]明季[illegible]之後[illegible]論者[illegible]傳誌[illegible]不能[illegible]

際太平之盛乎世家衍徵表揚先代之業亦不能舉其時代世族之詳與宋元以前世遠人湮者徒得一二於大概良足惜矣今逾加諮訪及當代之行可紀者歲以一二篇固日著善從長且亦使後之人鑑於斯志人物

明張子良字茂誠洪武中由貢生授兵部車駕司主事進本司員外郎閩言事論戍海南衛尋起刑部員外郎擢郎中[illegible]陞山西按察司僉事以內艱去服闋補山東按察司僉事剛直不容於時論謫[illegible][illegible]尋[illegible][illegible]見老[illegible][illegible]兵部

車駕司郎中陞浙江右參政歷官四十年清介
忠勤寵辱不以介意戶部尚書懋義謂人曰做
官不能遠法古人近效張子貞可矣爲朋所推
仰此其寵江衛詩云清晨辭帝闕薄暮過龍江
父子情難捨君臣義莫忘嬰山雲渺渺楚地水
茫茫俱得身康健他鄉即故鄉祀鄉賢祠
王尚文宋烈士玠五世孫祖文聰別有傳尚文由
恩貢任鳳翔府推官後奉命賞邊有功陞山東
巡按湖治清平盜賊屏跡致仕歸衆民以余銀
贈行麾之弗受止金帨一枚尊供母歸南英山

金還道產慈分鄉富至今土名金鴨州

瀚儀字來鳳少穎悟年二十補弟子員受業戚南軒之門嘉靖朝以歲貢授浙江秀水縣丞旋以母老乞終養建志學書院置義田母歿廬墓三年著有五倫指要

金中剛本名印字殿邦嘉靖登賢書館閣臣徐階即爲撰五表帝嘉之召見賜名中剛累加太常寺卿仍內書進局學值紫皇殿嘉議大夫賜一品服孫元鳴歲貢生睢寧訓導元音號爲神童八歲補諸生十歲食廩餼

[illegible]靖中舉[illegible]人[illegible]屢遷貢同知潮州[illegible]興國州
潛州[illegible]時礦事方殷委曲調劑民尤
德之子一言一本
崗一言[illegible]曆壬子舉人知福建寧德縣[illegible]
[illegible]舉擢光祿署正轉南戶部主事
[illegible]湖剔弊興利擢知黃州府遷台
[illegible]田畛郵姻黨汲引後進崇禎中
[illegible]卒年六十四有鶴鳴軒詩集
崗一[illegible]由歲貢生爲福建福安縣丞攝[illegible]
[illegible]人[illegible]之歷貴州思南府經歷尋升[illegible]與

[illegible]

叟一、[illegible]相依子可實可寶能世其業遇旋

[illegible]以死

沈[illegible]少穎悟弱冠補諸生食廪餼兄弟

八人[illegible]所藏書祭田以𦔮曆

壬子拔貢[illegible]丞未仕卒

鄭[illegible]合字和卿明[illegible]貢生少聰穎博通經史端州

堅於蓮花山[illegible]教授生徒出其門者多佳士性

和厚[illegible]終不與較工草隸年八十三卒

開可字體伯歲貢生戶部一吉子穎異嗜學明

水[illegible]亂辟地授徒講學著有古濟山房詩文集

行世

程子俊字傑士伊川二十六世孫性孝友博覽經史由歲貢生授六合訓導課士有方各憲嘉之署縣篆年餘惠愛士民興利除弊卒於任子三人天祜天祐天禧俱入邑庠有文行扶櫬歸土民焚香祖奠至今有餘澤焉

國朝蕭汝藿字孝思順治四年歲貢任海門訓導課士有方移海州學正秩滿陞潮廣興寧知縣多惠政卒於官

蕭汝榮字茂公順治八年歲貢訓導潛山遷教諭

修學宮勤課業秩滿陞河南通許縣丞奉檄渦
丈陳州屏絕餽遺剔發諸弊陳人德之

沈惟芳字蘭若順治十一年貢生覺山崇明訓導
遷靖江教諭陞江西豐城知縣潔己惠民歲荒
詳報太守力沮之惟芳堅請得免賦二萬指俸
修壞陞八處撫軍宋公器重之而論保舉辟以
疾乞休優游林壑三十載壽八十六子三璋三
璋三璋字京玉恩貢生博學能文著有詩經直
解選東流教諭未任而卒

金奉爵字蘇順幼負奇穎篤學嗜古年一十四補諸

生食餼後抱沉疴臥床九載手不釋卷著有三
易演符圖說韻學思問編各若干卷年三十九
卒
鄒同甸字禹山援貢生師道經籍著有春秋遺義
[illegible][illegible]齋草堂近詩及詩餘選于元齊乾隆元年
恩貢家貧嗜學授徒以養著作甚富孫一蘭邑
廩生
徐有寀字紳象邑廩生生有異質經史過目成誦
工為詩古文辭多有裨名教孝友愛族人有[illegible]
及姪廢疾者養之終身縣令旌其堂曰一[illegible]孝友

行遺稿如干卷藏於家

傅有宣字帝懷歲貢生天資敏捷讀書一過掩卷不遺年十五能文章尤好古著有四書詳解並詩文集若干卷藏於家性孝友善岐黄子貢生作楫亦工文

沈三璋字章玉貢生喜讀書自制藝及詩古文辭皆研求精奥族有孤女撫如已出擇婿嫁之里有富而無嗣者欲立異姓子以多金賄爲成其議拒弗納

傅有鐸字天木邑貢生力學工文善草書旁通岐

貞精詣精焉兒有錦沒撫姑如子歲歉指囷周急時稱長者有錫字又衣亦歲貢生嗜學尤精音韻不隨俗俯仰

馬坦字龍山孝友篤行倡建宗祠置祀產又舉社嶄復置蘇田由貢生試用湖廣初攝鄖縣篆縣中豪吏或偃蹇不為禮坦重懲之一時為斂跡授知鄖西地僻俗儉多所興革農時親履田間勸民力作嚴立會課諸生皆知向學獄有死囚三人坦疑其冤覆訊得實自詣諸憲白之制府得釋自是他縣大案多見委鞫曲全者甚多往

任八年以足疾乞歸士民祖餞數十里不絕年七十而卒

馮璣字眉山坦弟少孤育於兄嫂刻苦自立博通經史工詩賦以明經任合肥訓導督課雖嚴而善於體恤諸生無不悅服處守米深爲重之素性孝友事兄如嚴父性坦易喜賓客不屑屑計家人生產子三人世錄世欽入邑庠世鈞國子生

李修字知三歲貢生學醇品端諸生出其門者皆有聲譽子世炯世焊皆邑廩生好學能文齊士

林重之論者謂其淵源有自云

鄭元功字次立少孤事後母孝性穎悟博聞强記歷代史鑑手自批閱者數四未弱冠補弟子員蒔花種竹肆意詩酒晚年築竹林草堂耿介自許以明經終鄉黨矜式焉

程明柱字砥木父庠生光溥素號端方其族叔聯家道中落病劇托以老母二子光溥事育十餘年未嘗少懈明柱性嗜學早年食廩餼敦行孝友足跡不履城市時咸目爲忠厚長者乾隆壬中鄉恩貢逾二歲而卒從弟明棠字召木亦弱

君補諸生食餼品端學博工詩古文儕邑令延爲凌雲義學師屢入棘闈不售制憲黄閣其試卷檄奬之年未四十遂歿士林皆惋惜焉

鄭元昆字明若由太學生銓縣丞尋授山西大同府同知少孤事母張以孝聞兄弟多早喪撫諸姪如子敏達嗜學工書法族中子弟能讀書者聚之家塾延師助膏火多所成就生平慷慨好義嘗捐田備闔邑試卷凡歲禮必竭貲賑卹有司屢旌其門卒於官著有敦本堂詩集子燦然

一坊貢生一增

萧和謙字允恭少穎悟性友愛析居時辭多受捐田置祀產周濟族鄰由貢生任石埭訓導嘗委署縣篆年八十卒從弟和聖字介侯少孤事母兄孝友由貢生任桃源訓導嘗攝教諭及阜寧縣事年八十二壽終子姪俱多入邑庠

俞良采字晨成幼貧窶勤學入邑庠食廩教授所得置田畢與弟均分以歲貢任蕭縣訓導教士有[illegible]地瀉鹵奉檄查災發賑按籍詳核吏[illegible]不得為奸獎貧民均沐其惠府憲甚器重之辭組歸田宅一無所增年八十而卒

志　卷之十五　人物

英山縣志卷之十五

英山縣志卷之十五

英山縣志卷之十六

忠烈

知縣錢塘張　海重修

自古仗節死義之士雖曰學力孰非出於天性哉語曰疾風知勁草板蕩識誠臣每觀前代廢興之際或高爵厚祿蒙面喪心而踈抑末僚賤鄉下士反能充其浩然之氣挺節不污忠義激發身家俱碎而未嘗少悔至今凜凜猶有生氣矣傾事後論定或自孤忠於當代或昭大節於來茲而匹夫庶士干戈擾攘之餘子孫不拔詳

行雖與日月爭光其身竟與草木同腐豈不[illegible]
哉明季寇亂英邑吏民死事者多矣獨高尹一[illegible]
人獲紀於正史今悉著其可知者而前代無考
者亦皆過而存之毋使遂泯滅焉志忠烈

【宋】王玠高宗紹興二年蘄黃鎮撫使孔彥舟橫暴
不法朝廷將以兵執之彥舟率所部叛脅玠[illegible]
蘄州率衆背城血戰不勝同妻馬氏妾李氏與
氏罵賊投磯死事聞勅贈蘄黃鎮撫使建烈士
廟於龍眼磯頭州志

按蘄州志玠字介玉長洲人徙居鄂州孔彥舟

經舒蘄鎮撫使聘玠爲幕屬彥舟有異志問計於玠玠烈士也正色諭以順逆凡數百言彥舟目之數日復問仍責以義且曰誠欲反幸先殺我執詣王玠而從賊耶彥舟怒竟沉玠於龍眼磯與妻子俱時紹興二年六月十三日也郡人憐其志立廟磯上具有石記其說甚詳與此異然玠事不見正史疑蘄志所紀較爲得實但本非英人英卒後其子孫家於英故六安志首載之今亦附錄焉

明沈綸當洪武間以功累官都督府僉事鎮守[illegible]

西軍律嚴明遼東賊起奉命往征兵敗被擄不
屈而死

張[illegible]洪武戊辰進士建文時官御史燕王反殉節
葬廣里古墩

以上二人未見正史各志亦複不載今無所考
姑紀其畧

劉會字嘉會正統乙丑進士官戶部主事十四年
上北征同年友羅紳嘗扈從既病難其行會乃
請代土木之變車駕被圍會扶上乘馬出既敵
衆大集遂遇害揆泰初勅建愍忠祠慶其子繼

今人臨讀舊志稱其臣節友誼皎若[illegible]

千載猶凜凜有生氣也祀鄉賢

劉世芳字穎玉天啓五年拔貢歷任廬陵宛平縣丞陞新河知縣時流氛縱橫掘井議條防禦[illegible]卹辛勤備至殘黎賴之直指衛公有憂國如家[illegible]視民如子之薦超擢山東濟南僉事未至任[illegible]甲申三月賊陷京城得報仰天大慟以頭觸柱[illegible]血數升而卒子炤邑庠生年八十四祀鄉[illegible]

蕭時霖字澤及天啓時副榜崇禎末流寇破[illegible]被執百計誘降不屈罵賊而死

余顧崇禎時武學生十三年流寇犯邑顧奮不顧身率衆夜襲賊營失利被執不屈慘死知縣高在爚憫其忠烈申請上憲廕子弘入武學

程子鰲邑廩生與知縣高在爚同守章山砦城破高罵賊死子鰲率姪天禧僕丙禿巷戰殺賊數人被執而死

鄭尚善字仁卿邑廩生與從弟庠生萬齡讀書七星坪崇禎十三年為流賊所執罵不絕口萬齡聲尤厲全家被害萬善妻黄氏赴火死

段七段八失其名皆有勇力屢殺劇賊賊甚畏之

濟不徹俱爲賊所害

終

英山縣志卷之十七

知縣錢塘張　瀚重修

孝弟義行　鄉飲賓附

人莫不愛其親而以孝稱者不少概見焉毋亦庸行之常無以自見者多耶東坡有言以孝取人則勇者割股怯者廬墓蓋譏其非正也而近世所稱爲孝類多如是執筆之士皆有取焉推肥讓產雖不過友愛之一端乃末俗澆漓亦足以生其愧感蓋孝弟之道雖盡而其名或多僞托循端責實夫有所不得已耳至於扶危周急

慷慨好義之士類多能之然車裘與共敝之無憾賢者始庶幾焉況緩急人所時有流離饑饉之餘所濟豈淺鮮哉長民者欲激勵澆薄道民歸厚烏可不亟爲表揚乎志孝弟義行

孝弟

〔宋〕段璋大理評事振之次子幼以文學著名性至孝父卒哀毀踰禮廬墓三載有芝生於塚側後其山遂以芝名

〔明〕段泓仁嘉靖中貢生父病湯藥必親嘗及卒哀毀骨立既葬廬墓朝夕擗踊號慟遠邇雖慕淚

柴山麓鴉鵲群繞止宿墓側不驚時謂孝感正德九年奉詔旌表　按明史孝義傳英山段延仁弘治間旌

張翀嘉靖朝束光知縣父德卒廬墓三年縗絰不去身朝夕哭奠有枯樹復生之異縣尹以狀聞勅建孝行坊

傅得年字古敦庠生父明陽母江氏方十齡失恃繼母葉嚴酷時逼鞭撻和顏受之葉卒事繼母謝如事葉族里舉實以聞縣尹何文誠旌其庭曰孝行可嘉

馬應乾字維元邑庠生幼失怙事節母徐氏以孝
聞母病二十餘年就臥榻側未嘗一夕離刲股
二次未令人知母殁廬墓三載縣尹屢旌之
段孟損性淳樸未嘗學問早喪父力田養母必竭
其誠母殁廬墓三年哀號不絶不避狼虎宗族
鄉鄰咸爲感動
黄道南字有夏廪膳生明季寇亂負母避衡州徙
黄州屢被賊執感其孝旋釋之後歸里家徒壁
立自食苦菜勉備甘旨奉母
胡昭謙字九聲歲貢生任遂寧知縣擢漳州府同

知致仕歸州人立祠紀其德政父歿廬墓三年

里人建有孝子祠

王子胥字敬承貢生事繼母劉孝明季流賊蜂起

負母避亂遇虎泣以身當虎不爲傷又偕族衆

伏處衆乏食盡出所貯活人甚多

國朝傅繼訓字箴若歲貢生八歲父得年卒同兄繼

相奉母張氏避寇朝陽砦疫作砦倒疫者棄野

外張病繼訓兄弟露立守護不離及卒舁葬先

塋如禮兄被賊執涕泣請代不許則請同死賊

義之俱釋免子孫著庠序

金秉鑑字覺先由諸生入太學父元鳴歷訓導卒於任諸生德之賻甚厚秉鑑堅辭不獲於治喪之暇悉以完父修學未竟之業事繼母孝與弟庠生秉貞相友愛弟歿撫其子教之成列膠庠

金秉衡字權可康生元音子三歲失怙恃與堂兄秉鑑同處愛若同胞未逮事親逢祭必泣終身不改由諸生入太學居鄉耿介喜施予儉歲周急不一二而足里人德之

金天爵字理源少嗜學早備邑庠事親盡色養觀

殁，承歡甘旨，逢忌辰哀泣如初喪，以是終其身。愛兄子逾己子，而督率甚嚴，以宅讓弟。初因艱嗣，妻傅爲買妾楚中，甫及門，詢知係宦裔流落，急令別處，備奩嫁之。鄰火毀百餘家，助以粟而隱其名，標於市曰：有粟願貸。於是貸者紛紛，後竟不取償。其他建祠、卹族、佽助婚喪，皆行之無倦。諸子以文行著，孫庠、珽登乾隆丁卯賢書。

金泰聖，字理常，國學生。性孝友。父病，恒啜泣不能飲食。善撫孤姪，且成嫂節。弟璋既析産，復合食。多年後，璋以産讓，弗受。遇貧寒，推解不吝，醫藥

義塚施舍不倦年七十足不履公庭

傅有宸字綿尋太學生兄弟七人同居宸主家政尺絲寸帛不以私終身無間言好施與族貧不能嫁娶者助數十金不惜鄰里被火捐穀濟數十家

傅有宗字鼎彝邑廩生父繼訓母汪氏遘疾調治衣不解帶及卒廬墓三年群燕來巢鳳儕王國楨式其廬額曰孺慕兄弟七人食指百餘同居二十載無私蓄無間言縣改建學宮任勞三年始竣士林服其公且信

傅有錠字天掌國學生少孤事母沈氏盡孝卒然

自立族中貧窶者多賴以成就

傅作彩父庠生有守母余氏母遇疾危彩割股入藥愈後以憂成疾輾轉十年勉力奉養未嘗困病稍懈迨病革而死惓惓以父母爲念命其子斂以麻衣

程光洛字伯耆拔貢生父鼎疾篤籲天請以身代及卒擗踊幾絕營葬畢偕弟浚等廬墓三載友愛無私蓄縣令張顯過深重之

程光浚字叔濟邑庠生事兄光洛如嚴父兄病極

意調治及殁哀感路人撫姪如子事母汪竭盡
敬愛族人舉為族長知縣趙宗旻以誠能睦族
旌之妻黄氏亦孝
汪錫我拐病三載親嘗湯藥祈禱及殁哀號擗踊
願從地下不逾月亦卒
夏之正字宗寅庠生幼孤力學與諸兄弟異母曲
盡友恭析產不較厚薄事母孝有妹適劉氏少
寡迎養於家撫兩甥為婚娶然後歸之
鄭同鼎字夏爕庠生少孤撫於節母蕭讀書勵志
率得不倦居平至誠待人於族中煢獨尤力為

繼紀勿令失所一切皆體親志用相怡悅年八十餘無疾而逝子國學生元景元禔孝友娛親兄弟析產互相推讓終身無一閒言

鄭同鑾字臺友少孤事母孝喜讀書與兄友睦沒齒無間歲歉常捐[illegible]以助貧乏之時[illegible]其行子庠生元晟貢生元[illegible]國學生元昱元杲大同府同知元昆傳詳人物

金伯爵字亞侯性淳謹[illegible]然諾嚴取與遇人渾渾不見圭角伯兄嫂歿遺子穉穉復遇危疾殫心調治得生[illegible]仲兄同居友愛下帷次苦至老不

僦子紹倓字鍾奇生有異質弱冠入邑庠食餼親卒後築廬墓側佔嗶無間寒暑賫志以殁所作詩文甚多

葉自秀字子茂兄蚤殁三子俱幼嫂傅氏苦節自秀撫姪若子敎之讀書皆就學數十里外爲之賫薪米兼考課程家計不以紛姪心後俱列庠序均畀以田宅時稱長厚

楊自南字來蕙歲貢生　國初隨父廪生文貴避兵上鋪寨兄弟五人皆死於難自南奉父歸滿溪坪舊址居焉及殁廬墓不忍去流寇焚山

塋號泣火遂滅

程敁字蔚章邑庠生性孝友胞兄弟早逝撫孤姪弱女如已出堂兄萬卷被掠在外四十餘年贖產遍訪迎兄姪歸所有田產皆均分仍多撥己業百餘石子三人光潤出繼伯父時光治邑庠生光濂貢生

沈宗洛字聖水太學生事親孝父病亟嘗糞甘苦父歿哀毀中禮順治八年黃岡大饑士民乞食者四百餘家宗洛計其戶口散穀七百餘石後爲大盜所誣逮至黃士民奔府具保者一日千

餘紙太守知其孝義遂釋之二子四孫俱著庠序

段肇灦邑庠生母病三載湯藥親嘗朝夕不離仍割股以進疾遂愈臨財廉或横逆相加受之不與校年八十足不履城市族黨咸稱誦焉

段肇仁字士愷太學生考授州同年十五失怙事母孝撫弱弟肇伊友愛甚篤捐貲置祀產言行足爲族黨儆懼之肇伊字商佐太學生考授縣丞少孤力學事母兄孝謹兄弟各生三子皆能世其家云

劉天經字孝[illegible]邑增生貢生自南子少孤年十五刲股愈[illegible]疾敬孝友析居後猶分己産與兄天[illegible]子三人如玉國子生駿驄皆邑庠生

鄭元[illegible]係九苦心積學雍正七年拔貢辦粟例予[illegible]以母老告歸兄弟同居白首無間言諸姪少孤者撫之如己子親歿移居墓側顏其堂曰[illegible]依著有依依堂詩集生平足不履城市子二人一崧邑廩生

[illegible]再達樸實少慾幼而嗜學年十八補諸生兄弟四人達居長父遺産業悉讓於弟貧苦筆耕生

亭多善行子肇端應童子試學使衡文夜將半見其卷面異光疑陰德所致招覆時問之肇端不能對則曰吾父行善數十年理或然也

殷雨聖邑庠生性長厚田產多與本支耕種鄉鄰貧乏者出家貲周之製良藥濟人不索值足不履公庭族人推爲家督訟端衰息母病刲股和藥醫之知縣　旌其門曰善蓋一鄉

朴有律字維斝國子生縣丞必與次子父疾刲股兩次事聞霍邑去家百四十里自負藥與醫王姓者同僕行遇虎攫醫有律後至視之虎即

舍去時稱孝感父歿同兄有言廬墓三載母蕭柴寒疾焚香告天請以身代及卒當廬墓側朝夕哭踴者復三年事庶母王如所生兄性躁用奢產業半爲所廢不忍分析毫無怨意自少講學無疾言遽色知縣李棻其孝行屢欲請旌附辭乃止子興洪國學生

段再麒字毛伯幼穎慧號神童十五補弟子員康熙戊辰膺歲薦著述甚富邑士多負笈門下弟庠生再麟分居後家業漸廢老而益貧再麒與以己田二百石族黨貧乏者周之子召同亦列

廩庠

沈愿大字輝士邑庠生母病痹痿醫藥不效立願祈禱日夜虔誦大士神咒數千遍刊刷勸世所患漸減晝則負以出入夜則侍寢其側十餘年乃卒泣血三年妻傅亦孝湯藥親嘗濯汚不假他手始終無怠子尚經尚紱尚瑞俱邑庠生

鄧焜邑庠生性孝友母汪病篤刲股救之而愈逾憂感成疾幼子大綸亦刲股以救焉

鄧日鍇廩貢生母開氏病篤刲股食之立愈

胡學川字公碩國學生父守社字逅山武健多力

明季賊猖獗聞名輒避之力弱者多扎寨焉學旦性孝友豪俠好義弟學炳繼母出也幼失怙恃旦撫教成立與其子克讓同入邑庠及析居田廬視所欲悉與之立宗祠置祭田嘗捐貲贖入妻子凋殘無倚多收字焉凶年瘟疫出穀帛棺木周濟者數載年七十舉鄉飲大賓辭終呼三子將時入所負債券悉面焚之妻許亦樂施于康熙乙酉丙戌間數凶歉頻歲出穀千石煮粥濟貧餓給醫藥棺木盤費藉以生全者甚衆修橋建寺所費亦千金有餘年八十四乃卒克

讓字允恭孝友有父風每遇歲饑施粥解衣里黨多沾其惠次子延調字和公由監生任昌平州吏目改霸州居官廉勤各憲待之甚優竟告歸優游詩酒訓課子弟無疾而終

鄉　奕坤字子餘奕埏字子際坤年十歲埏九歲同入邑庠性聰慧善屬文父殁同廬墓三載子及孫曾多列庠序

鄉　元度字兩如邑廩生能成父志事母孝治家有法弟元兆字古占增廣生早孤事兄惟謹不與外事肄業心蓮寺隆冬與兄對雪吟咏不輟篝

有周易題解藏於家從弟元璐字最白生三月

失恃繼母王撫之甚篤入邑庠以麟經膺薦

三會兄元亮病革隱憂成疾臨終囑弟元春同

吾母贅未終不能瞑目幸爾孝事承歡顏于及

兄兒女爲弟累耳後元春教養兼盡鄉族稱之

夏之時字寅斗邑庠生幼奇穎與父避兵山谷猶

手不釋卷五經子史多其手錄教諸弟之日之

玉之正皆列庠序授徒講學所成就者甚多

彭應正字鼎璜由庠生入國學考授州同事親孝

兩弟早逝撫諸姪成立遠近稱其孝友存十丈

夫子常戒以有㫖勿用盡也嗜子史所著希賢集多彷莊老將藝亦古雅適俗流詩用字方介國學生事親孝兄弟同居數十載㡯無間言析居將出其私產奴婢公分終身不入公庭設藥局修橋路知縣鄭重旌之曰德行可風

段肇球字振九二十歲失怙事節母夏極孝妻方亦善事孀姑時人稱之球有疾知不起囑其子曰汝祖母苦節不及送終非丈夫矣我死殮以衰絰汝卒殮用吉服不順其子哭曰祖母在而用衰

經若之何乃傾

余道高字集成邑庠生喜讀書怡情邱壑行五子

延渾入邑庠延深延泓延裕延藩俱國學生延

泓字維舟幼失怙常總家事與弟延藩甚相友

愛卅年八十餘奉命維謹分產未嘗少渝邑有

公役咸襄助焉各憲屢額旌之

胡學訓字傅仁國學生少孤事繼母吳氏克盡子

職撫諸弟友愛無間言邑侯林嘗額其庭曰敦

行不匱

胡學謙字懷樸邑廩生嗜學能文清直自守父殁

與諸兄弟友愛無間孝事繼母鄰人士咸推
焉

義行

明王文聰字子章段庭竹字伯堅明初紅巾賊犯
英山文聰庭竹募鄉兵戰於陶家坊賊潰追至
黄岡獲渠魁四十八人解赴京師洪武二年授
以官職辭不受太祖親給衣帽緞帛賜楚祿二
百二十石勅命優奬並許子己事情得親自面
陳

余子旺景泰六年英大饑捐穀一千石助賑勅賜

冠帶榮身
傅月敦景泰六年捐穀六百石助賑有司以聞勑
賜義官
徐滄海捐穀三千石助賑奉勑建坊旌表
傅武蹟月敦子居羅家田沿河田六百畝通族所
倚每患水漲爲捐貲築隄濶五丈長八里鄉人
義之名曰傅家壩萬曆四十八年蛟水潰隄遂
廢
姜宣鄭顯忠等萬曆九年饑共捐穀四千石助賑
余文福余文義等皆鄉民值流寇之亂捐貲立朝

陽砦保障一方居民賴之

江永壽明末流寇盤踞英邑永壽出家貲修砦保障地方有貢生劉某避難羅邑土人誣執爲賊永壽力救護免咸高其義

夕義貫景泰時人性仁厚好行其德嘗捐修三通橋凡邑中大創建俱貲助費碑石俱存

國朝程天中字聖明邑庠生諳韜略饒膽力　國初土寇充斥奉檄爲練長馭鄉勇數百人甘苦與共訓練多方人皆樂爲之用賊魁皮袞恣竊南掠邑罹其害出奇計擒斬之餘黨悉平

四年
恩詔天下報除荒畝明材以英邑沙壓水冲久受其
困自備資斧與弟明榮赴藩憲具禀邀例豁免
邑人德之
李常豫字建侯邑庠生謙恭篤厚有某人遇難鬻
子夫婦哀泣捐金贖之兼給衣食鄉鄰有不能
者多方勸飭卒歸善良縣尹高其行贈曰德可
型俗
段鵲字羣宗臨財不苟康熙三十一年蘄水涂楚
占於滾石山坳失銀五十兩爲鵲所拾即以還

之子祚誠祚譜俱入邑庠

金元碧字石美國子生少孤家道中落能自刻苦以致豐裕性樸儉與人謙退以緩急告者賑貸不吝未嘗責償郡縣皆旌之年七十卒子秉瓚庠生秉瑜附貢生秉璉國子生秉瑚少時嘗刲股愈母疾以孝聞早卒

金秉瓚字半玉邑庠生聰穎能文屢試優等卒二弟讀書不與外事一時咸重其品年三十六卒士林傷之

沈喈字武木邑廩生居家孝友人或加之非禮亦

不與排鄰民有鬻妻償債者粟以己囊貲金五
十贖歸其夫邠縣劉紹臨旌之子孫多列庠序
馮世銳字利菴二歲失怙母余矢志撫之性孝友
捐置祀山數百石又承母志亦捐田數百石於
余氏祠又修西門外石橋約費數百金懿行甚
多鄉守州牧皆額旌焉
程光治字舜也邑庠生康熙丁酉拾遺金一囊於
城隍廟側空門下曰此必賊所匿也訪失主盡
還之嘗助兄光淵田二百石銀一百二十兩與
幼弟光濂友愛尤篤邑中改造聖宮隍廟皆督

領捐助士民無不推服

沈詩俊例貢生考授縣丞少孤事母鄭盡孝捐置祀產三百石建菴宇二座又捐銀一百五十兩修飛凉亭險道數里親鄰無告者推衣食周之子八人孫二十四多以文名

李蕚字士濂國學生事親孝奉後母尤謹賙給宗族訓護里黨人多思之子四世烱世爗世燦俱入邑庠世烱國子生

彭任彥字嵩岡少孤避寇至湖廣後歸故里爲邑庠生援例入監考授州同睦族恤老集撫言者

發之嘗曰財爲用物愼勿爲守財奴歲歉輒散
之以濟貧困

方先興庠生性渾厚邑稱長者年三十無子行善
益勵年饑盡出所有穀給鄉里全活甚衆捐修
橋梁道路孤苦貧困者有求輒與後有四子宗
時闕子生宗隆庠生宗曦亦闕子生

方宗堠端厚有父風見人過皆面折斥有急則必
周之未嘗一入公庭敦本睦族倡修宗譜置義
田縣尹學師屢額旌焉

姜志隨字公望國學生考授州同心安仁恃守然

自立好施英邑舊有赤脚丁貧民多受其累志隨以呈獨任後遇丁隨田辦始免置義田八十八石爲通冊公費至於贖人子婦恤孤幼助婚娶施棺藥義行甚多邑人稱之

鄭同發字郎錫邑庠生慷慨有氣節工書法生明季艱苦自立率二弟同輿同旦發憤讀書後皆入庠食餼克振其家同輿字棠錫孝友重意氣兄姪相依暮年始析其產皆令各成條段毋起爭端爲人謀事未嘗有所畏避英邑建儒學同發同輿用力爲多同旦字佩錫潛心經史尤精

於易邑令屢延爲塾師亦耿介能濟人急諸子
多以文學稱者
彭正璋年十二父母俱殁能自力家業饒裕恤匱
周急諸姪貧者各爲婚娶仍給以田二十五石
有子五人四列國學一食廩餼焉
金晉爵字安侯邑庠生性篤實事親孝兄弟友愛
撫孤姪如已出合爨數十載無間言濟孤寒施
藥餌存活極多終無德色年八十三卒子七人
孫二十八人多以文學稱者
金璋字士宜庠生秉衡少子鍾愛焉歲試迫强之

就道父病私以所蓄命婢柯璋妻及父卒營葬公議貸費妻告以前事出示二兄曰此父遺也同居十餘載不營私積析產未嘗爭肥樂施濟貧年七十餘子紹彼國學生能承父志孫七人皆列衿監

沈楷字魯木豪俠好義蘄水劉雲采借本貿易被盜無以償情急投水楷見之問所負曰子母合百二十兩楷即爲代還朋友戚族貧乏者每捐財穀濟之子詩融考授經歷詩三邑庠生

杜永言字孝思國學生倜儻好施與族戚以窘迫

告者必給以錢穀雍正乙巳[illegible][illegible]窮民父勞[illegible]
百金悉焚之有武昌胡吉蘄州劉子[illegible][illegible][illegible]王
有玉皆世家後耄耋無依至爽承言養於家沒
則葬祭之終身不倦子孫俱以文名
程光洲父鑑考授縣丞與弟鼎相友愛年至七十
猶不忍分析生平不與外事光洲由庠生援例
入貢任南北城兵馬司副指揮聽斷明允遷官
後稱其才致仕歸遇歲歉捐衣食濟人粟米減
價平糶長子明標官雲南同知例封奉政大夫
鄧林棟歲貢生樂善好施常收讀書貧士捐貲教

育歲暮施粥施衣每冬約費百金里人稱之子
可灼亦貢生事父孝友愛諸弟內外無間言可
煜邑庠生析居時捐產百石弟可炫早逝爲弟
婦張立嗣理家事全其志節邑令旌之曰文行
足法

方宗隆國學生恂恂鄉黨無間言尤慷慨好義族
里貧者冬給錢米春給種穀婚葬事解囊不吝
康熙己丑邑大饑有穀六百餘石悉爲給散年
逾五十所有積券悉焚之六十二而卒

王守邦字懷橋好善樂施明天啓二年捐資兩門

外義緣抱子並世字徽之明季兵亂獨存有子
三天暐字扶旦天愷字扶宣鐸字扶晨皆有文
行世其家暐鐸爲邑增生愷自邑庠援例入國
學考授縣丞暐子斑字晉三歲貢生好學窮經
史年六十餘晝夜膝下及府藏薦老父猶及見
之云

劉士登字瀛升邑庠生嗜學善書明季兵燹猶手
不釋卷敦孝友親族中孤弱貧困者悉撫助之
四子俱列黌序工文詞邑令常餽金帛旌以匾
額固辭不受年八十二無疾而終

余延瑞字聖兆貢生早失怙克遵母訓每祭痛父早亡輒感泣數行下伯父庠生道源早逝伯母劉苦節無嗣乃以其住屋改爲公祠所遺田産半附公族奉祭半擇本支親者爲立後慷慨輕財有古烈士風

段鴻邑庠生少孤事節母孝嗜學善文性尤好施族黨貧困者多沐其惠城中每大興作捐貲不吝子祚論亦倜儻慷慨有父風

張可信字存樸邑庠生性耿介任事雍正九年報墾陞科邑受其累偕程明榮等赴藩憲呈禀巡

請豁免士民賴之
徐在鎮字鍾南嗜學能文幾售復失尤敦行睦族
率族衆大楷大椿道淵道煌等捐義田柒拾叁
担以贍貧窮縣主董批令勒石鐫譜以垂永遠
並落廣里士門户等處族衆賴之

鄉飲賓附

明鄭毓憲庠生　鄭永和庠生
鄭永明庠生　鄭洪陽庠生
鄭毓華貢生
國朝胡學旦已見孝弟

江籛日字淵若增廣生年六旬猶逮事父母承歡色養弟早歿孤纔兩月弟婦堅守撫之同居數十年俟其成立方析箸戚黨張某幼失怙恃撫於家爲婚娶舉鄉飲介賓

彭佳章字斐士歲貢生力學尚氣節明季兵燹避皖猶手不釋卷及歸縣尹陳迎爲義學師舉鄉飲大賓會孫其春廩膳生性敏悟嗜學工詞賦築環松堂與弟其倬闔戶讀書達旦早卒教諭陳益淵倅爲刻環松堂集

汪三接字晉康歲貢生性嗜學樂成人美子弟貧

之老指貲教之又指銀一百兩修石橋二座年八十六舉鄉飲大賓

段孟楨字熙明事親孝弟早卒撫姪如已出舉鄉飲賓邑令旌以匾曰德馨芝蘭年八十四卒子再僑等俱入邑庠

沈宗鼎字搏萬以孝友稱年九十舉鄉飲賓子榮孫詩與詩觀俱邑廩生有文名

沈宗遠字自邇年九十一舉鄉飲賓

方先耀性渾樸足不履城市年八十九弟先輝壽九十三平日友愛起居必偕皆兩舉鄉飲子孫

多列庠序

劉熠已附見忠烈

余道德山邑庠入國學年八十三舉鄉飲介賓邑令慶給匾額子延堯邑庠生

段富模字去靡邑增生秉性純厚舉鄉飲大賓年八十五終身不履公庭邑令林旌曰黌宮宿彥

沈宗洛已見孝親

英山縣志卷之十七終

知縣錢塘張　淋重修

隱逸流寓

自古聖王在上曷嘗不有肥遯之士哉遠乎三代以下膏肓泉石累徵不應者固已多矣而廢興之際潔身高蹈之士韜光晦跡或亦有托而逃焉後人概以隱逸傳之要其行事具在觀者可自得也若乃賢士大夫倦遊所至樂其風土或徙而家焉英邑僻處萬山中遊者蓋鮮而僑寄戶口散亡鄰近古籍十常六七類多草野耕

時無可稱者志隱逸流寓

隱逸

明張宗能參政子貞第四子性孝友工吟咏隱居滿溪不近流俗時稱高躅

蔣宗成化中貢生授蘄州判不樂仕進致政隱居授徒講學以終其身

國朝段一定舉人繼明之後天性孝友家學淵源四方之士負笈從遊者衆明季喪亂族中子女多流離失所爲捐貲贖歸三十餘年絶迹城市當進之士咸仰其高風

余有珩，字行玉，崇禎中貢生，性頴異，諳象緯，知世將亂，隱居天花坪，讀書不轂。福藩在南中，有珩當需次教職，避不就，壽至八十餘。

胡正南，字佑秩，歲貢生，林泉嘯傲，有隱君子風，猶別業黄金岩，怡情花木，塵囂中未聞足跡也。嗜飲酒，酣論千古人物，獨具卓識，年六十四歸去。閱執友鄭會錫所贈詩，末云：兒女債完書債了，醉翁何日不神仙。朗吟而逝，論者謂得生寄死歸之真意云。

流寓

宋程祿建炎中程端中知六安軍死於寇葬霍之
擲山子孫散處英六間英邑代有奉祀生

明孔彥繪父善至聖五十八代孫洪武中以鄉舉
訓英進教諭善父群卒於英卜葬焉乃留子彥
繪守塋遂爲英人代有奉祀生

邵起浙江餘姚貢生崇禎時累官鎭蘄水縣賊破
蘄水僑居於英奉檄知英山縣升知盧州府管河
南大梁道解職歸卒於英武將

羅火名福建人崇禎時爲英山典史十四年賊破
新城巷戰受重傷絕而復甦後家於英子孫

英山縣志卷之十九

知縣錢塘張　海重修

仙釋

天下名山勝景莫不有高僧羽士棲真養性於其地而學士大夫游憩往來或輒欽慕高風暨麈談論逮至閭閻耆庶咸奔走焉則又慣施齋捨以崇飾其梵宇琳宮而異跡昭著者蓺粗豈之如畏壘蓋雖窮鄉僻壤往往然矣英邑仙釋既已列在前志近世如沈正巽聾奇蹤異術士民猶無不嘖嘖稱道呼吸風雷顛倒造物更覺

古人所傳未爲誣也志仙釋

明張大悲滁樓鄉人居縣西香爐崖自幼好神仙術語人未來事及晴雨輒中父母怪之令牧牛晝地爲圈牛與羣牧不能出嘗作泥丸自食坐臥處往往有雲氣洪武初遊方外莫知所終於民於香爐崖立祠肖像水旱祈禱多應

周杞尚正統時居山凝坳號爲天下第二僧

徐謙三吳鄉人善符籙能驅風雷郡邑旱請禱才沛太守龍誥贈詩云心上真機旋造化掌中冲術滾風雷

呂仙媼成化時人偕二子於縣東北五里漆樹坪結茆以處煮石爲藥逾數歲白日飛昇土人立婆婆菴祀之

蕭泗得異人傳書符咒降八洞眞仙至則山鶴鳴繞異香滿室判事不爽後昇八仙於檄皮嶺面授修煉法遂仙去

夏則爽嘉靖時人世居火麻坪見時摘松花爲供能致眞仙兄弟强之娶逃入香爐山學道晚年辟穀役風雷言人禍福輒應土人塑像祀於太乙觀

國朝沈正昆滌樓鄉人少讀書十歲遇異僧授偈[illegible]授以書遂能驅役風雷歲旱祈禱立應鄰邑皆舁走焉廬郡大旱太守劉請以往午至許未時甫至期甘霖滂沛四野霑足太守喜贈以扁聯令邑中發雨崗凹雨尖二山皆用正昆故得名嘗以絲茅書符籙置民簷楹或人工不足迨日暮及夜行乞得符輒見川光照耀無異白晝工畢抵家夜漏盡矣門啟村塾戲謔予曰食我使汝早散學倏忽黑雲潑墨似將大風雷塾師急遣[illegible][illegible]歸比至[illegible][illegible]如故歸終語家人曰吾

今日當仙去如期而逝居民立真人廟祀之靈應甚異

釋通如號慧融幼守僧祇律戒行清苦修理梵宇募建八寺分處支派論者謂其得宗門衣鉢

漢山縣志卷之十九終

英山縣志　卷之十九　三

硤山縣志卷之二十

知縣錢塘張　海重修

列女

女子之行莫大於節孝烝烝無非無儀職在中饋其常道也不幸死亡患難而節孝乃見焉豈乎從一而終雖曰古今通義要非情貞堅苦之操未易歷久而不渝也若乃零丁孑立五夜力作養遺老於桑榆延宗祀於一綫抑或寇盜出沒寧寸磔以潔身强暴侵逼蹈白刃而不悔雖烈丈夫何以加焉至於甘心同穴絶粒投繯六禮

未終誓心從死死斯亦賢智之行尤好奇者所樂

道也惟是

國家德教洋溢不遺幽隱建坊設祠著之令甲而

窮鄉僻壤子孫不振遂致荼蓼終身貞徽掩抑

所當廣爲搜訪列諸簡編匪獨旌揚可待而彤

管垂芳亦庶幾幽光有耀矣志列女

〔明〕牛氏段賢可妻元末盜起賢可率族丁三百餘

避難仙人臺盜至下山赴敵俱殞鋒刃賊復攻

氏抱孤子伯隆匿石穴中以免寻夫骸葬之時

年二十二矢志終身子孫至今蕃衍

李氏生員蕭尚豫妻夫殁覩持家計內外肅然萬曆十七年大饑捐穀一千石助賑復捐穀助輸邑發准撫疏題勅旌表

高氏廩膳生黃甲科妻夫病八載嘗湯藥調飲食始終不怠及夫殁柏舟自矢三十餘年撫姪承宗黃氏賴以不墜歷任縣尹俱有旌獎

馮氏貢生鄧我榮妻崇禎八年乙亥爲流寇所逼極口大罵被殺甚慘

王氏生員段再振妻崇禎九年丙子秋避賊羊角山被執不屈罵賊死時年十九

曾氏生員胡學樂妻同夫避流寇至張家冲為賊所執欲殺其夫曾紿賊願以身從請釋夫賊許之度夫去遠引身投崖死賊支解之

國朝劉氏明僉事世芳女年十七適生員余道源夫歿無子堅志守節時年二十九利其產者百計撼之不為動久之有以旌奬請者劉曰吾遂吾志耳彼產傳虛名何如存產以廣先祀乃即所居為祠堂以近祠產為祭用利其有者雀角橫起鼠竊乘之遂致貧困既老覓以窮死然至今歲時祭掃余族莫不先祀節婦並及其夫與舅

姑焉

張氏農家女年十六適王廷賜生一女廷賜貿易歸染病勢不起氏遂不食誓以死從及夫歿其翁涕泣勸解且命廷賜姊與同處以慰之防稍懈張先縊其女乃自投繯死時年二十有七康熙丁亥六月事也縣尹林弼親詣奠之越數年翁爲遷地棺已敗而面如生里人莫不嗟嘆按從一而終惟以守貞爲貴事舅姑撫孤乃節孝之大者必以死殉己屬賢知之過無故先縊其六歲之女逆理甚矣好奇者每亟稱之因附辨焉

王氏女父母早喪依伯叔以居長嫻女訓許字某

生年十八將于歸而生卒女聞之不食七日死

蕭氏明經選太和教諭鄭萬綸妻年二十九夫病刲股以救及歿痛絕復甦孤同鼎同飛俱幼蕭甘操作敬事孀姑年六十九卒

張氏劉一舉妻生子昌夫歿張年二十五潔清守志甘拮据承家卒年六十有八

傅氏余良招妻年二十二夫亡子幼苦守三十四年卒

鄢氏方尚選妻夫歿鄢年二十五截髮毀容誓告柩前堅志苦守教子成立年七十有二

段氏王民禮妻夫殁段年二十九節操清苦教子
補諸生卒年九十
周氏段再征妻年二十五夫殁撫孤守志孝事其
姑六十三歲卒
杜氏適馬騰雲生子一夫殁家計蕭條氷霜自厲
敬事庶姑如母五十九歲卒
陳氏鄭永和妻夫殁陳年二十從一自矢孝養翁
姑教子成立卒年四十六
張氏劉濟妻年二十而寡奉姑誠敬紡績成家業
方訓子八十歲卒

汪氏年十六適傅啓璣生子再錫夫善病家徒壁
立方灌園紡績供湯藥不懈年二十六夫亡舅
姑皆老病不起方敬事殷勤殁喪葬如禮年六
十九卒

王氏黄正珩妻夫殁王年二十六遺孤二茹荼集
蓼嚴於教子長遵典食廩餼早殤撫幼子遴謨
紡績不倦苦節四十五年

周氏程大灼妻夫殁周年二十二苦節三十二載
縣丞張顯邁爲之請旌無子僅二女長適庠生
金秉璜年二十五秉璜卒亦辛勤守節冰操凜

然次許字余生未嫁生卒不食而死昔[illegible][illegible][illegible]

其母云

余氏太學生劉與仁妻與仁[illegible][illegible][illegible][illegible][illegible]殁[illegible]

余年二十二無子爲[illegible]祀憂託族戚勸翁納[illegible]

常私祈[illegible][illegible]年已七十八竟得子後余自以姪

嗣年至七十乾隆十四年具題建坊旌表

程氏太學生[illegible]奉獻妻年二十九夫死遺孤復殁

立姪[illegible][illegible][illegible]遍濟族中之困乏者改建先祠重

修[illegible][illegible]不[illegible]餘貲姻族賢之卒年六十八

洪氏生員[illegible]世錫妻年二十六夫殁三子俱幼事

[illegible]姑[illegible][illegible]孝順始終無間朝夕課讀三子俱成
並及諸[illegible]皆列膠庠程年七十四而卒

潘氏太學生陳維翰妻年二十五翰歿勤紡績禮
葬舅姑撫子大倫力學成諸生年六十五卒
倫復夭媳胡氏苦節如其姑

劉氏吳世宗妻夫歿劉年二十二遺腹生子振玉
矢死守志年五十四卒

金氏適沈應重年二十二夫病瘵茹苦嘗辛供湯
藥不怠夫卒栢舟自矢上奉老姑下撫幼女[illegible]
勞倍至姑歿附夫於姑塋年五十三卒

傅氏王錫躬妻明經道大子婦也夫殞傅年二十三慟欲身殉時翁姑衰齡諭止之乃忍泣承命奉翁姑盡孝養教兩孤兒不以慈廢嚴俱補諸生年七十五臨歿謂子從龍曰吾當早死浮生數十年爲爾兄弟也今幸得從爾父地下言訖而卒三日入殮面如生

鄧氏程光浩妻夫亡鄧年二十一子二皆稚甘茶苦勤紡績四十年如一日

杜氏徐惟永妻家貧事舅姑孝紡績以營甘旨年二十八夫歿撫三歲子在喬成立娶媳胡氏在

喬早亡胡年二十四乃共撫其孫大基及長又娶於胡年僅十九大基亦死遺腹子道鎮邑令旌之曰一門三節後桂年八十一胡年五十六相繼卒道鎮援例入國學生子允楨而歿妻李氏年二十六四世冰蘗一息僅存姑胡現年六十與李相依爲命焉

吳氏聞世英繼妻前沈氏生子學訓等四人吳生子學誠甫兩月世英卒吳年二十悉以家務付學訓紡績以鞠幼子長加課督苦節四十一載學訓等亦能孝事之

夏氏段再卜妻夫歿夏年二十六矢志不移家貧孝事繼姑甘旨皆出自女紅教子列膠庠雍正三年蒙　恩例賜粟帛年八十一卒

閆氏生員段肇禧妻夫亡氏年二十二子方數月矢志靡他撫子入成均年五十七

傅氏太學生段肇倛妻年二十四夫歿守節奉姑撫子入成均年六十五卒

佘氏貢生有鼎女適馬騰衢子庠生埈年二十五埈歿孝養翁姑修宗祠置祭產及義田年五十一而卒遺命諸子重施與豐繼先人志乙巳歲

歎予世銳捐穀數百石邑令張顯遐旌曰義表

慈訓

張氏太學生鄧可炫妻夫亡年二十四無子以姪承夫祀守節五十七年子孫皆入邑庠現年八十一

鄭氏增生洗詩藩妻庠生同龢女少時嘗刲股愈父疾年二十一夫殁無子以姪書虞書序嗣勤紡織教子成名時出奩資修橋路歲歉減食濟人廬墓側五十五載年七十六卒乾隆十五年建坊旌表孫承文承章俱入邑庠

江氏苗明詩妻二十二歲而寡孝事孀姑遂葬以禮子甫三月撫以成立年四十二卒乾隆二年旌表

吳氏湖廣羅田縣胡國良妻二十一歲于歸隨夫奉翁姑居英邑佐夫耕作以生六閱月夫故絕粒啼泣翁姑知其欲殉也謹伺之則從容告曰翁姑老叔幼不敢死也防稍懈輒雉經死乾隆十一年建坊旌表

傅氏生員程明棪妻年二十于歸生二子長二齡次甫半歲明棪卒傅年二十四貧苦矢志事

孀姊家人罕覩其面現年五十有二
余氏儒童金紹文妻年二十五紹文歿子庠琪甫
四歲零丁孤苦家貧如洗紡績資生奉翁姑撫
孤成立苦節三十二年臬憲崔額旌曰節勵冰
霜
沈氏余延燦妻延煌卒沈年二十二撫弱女適金
氏立姪良忠承祀奉翁姑家貧苦節年六十二
卒
王氏段肇熙妻年十九夫歿子祚泰止半歲家貧
茹苦孝養翁姑撫孤子苦節四十二年現年六

國學生
陳氏庠生夏懿妻子甫二齡懿病篤誡氏勿殉死
惟以翁母及孤爲囑姑年老來倚紡績爲撫養遺
孤孑孑一身數憂及殁晝夜紡績事甚苦業應
無何子死孫年廿餘又殁遂命節年七十餘殁
高氏亦年將五十僅守藐撫一孫將入泮痛
而斃其過焉
劉氏太學生錢再鄉妻年二十六夫殁治家勤儉
教四子甚嚴後四子皆成名卒年七十三
謝氏儒童沈詩作妻年二十四夫殁子甫二齡家

貧茹苦忍饑與勤紡織撫子成家苦節三十七
年現年六十一
劉氏渠生大柱女儒童流尚詩妻年二十五夫歿
子世壽甫二週家業凋零紡織營生撫子聯姻
亦一孫殤死孫媳無力繼贍母子二人相依爲
命矢志靡他身歷百艱心同鐵石苦節三十九年現
年六十歲
吳氏邑司流書昇妻年二十歲夫歿矢志孝翁姑撫孤
教子五十六年子春元孫孫俱遊庠學生
沈氏儒童余元善妻年二十六夫歿家貧撫子孝

事孀姑立嗣承祀苦節三十七年現年六十三

蕭氏儒童沈尚介妻年二十二夫殁子世澍甫九月家貧茹苦事翁姑撫孤苦節二十九年卒年五十一

王氏年十八適庠監程時二十六夫殁姑疾篤刲股救之得愈子光濟入邑庠又撫姪光潤爲子光濟竟無出乃以潤次子庠生明梓嗣焉壬壽九十二乃終

夏氏儒童劉啓祚妻年二十六夫殁撫二子依舅氏讀書婚娶至成立始歸年七十餘卒

周氏年十九適縣丞馬道洵三載夫歿無子朝夕
依孀姑撫姪爲子現今守節二十五年
彭氏廩生李世煌妻年二十八夫歿無子立姪爲
嗣守節三十五年現年五十三
徐氏年十九適職吏李智二十九夫歿子世烈甫
周歲孝事孀姑撫孤成立生二孫俱幼世烈又
亡徐撫孀媳弱孫艱辛備至現年六十五歲
胡氏生員彭亓己妻年二十六夫歿孤子甫半月
撫之成立事姑以孝閒治家嚴肅現年六十歲
查氏年十八適彭亓學逾年夫歿子甫一月鞠公

姑惟謹教子成立現年五十一歲

方氏年二十四適彭正鵠逾二年子甫週歲夫歿守節撫孤子年二十得瘋疾家務皆方自經理現年六十三

段氏年十八適職吏陶九思伶仃失怙段孝事孀姑年二十六夫歿子鼎纔週歲撫以成立爲國學生守節三十年而卒

田氏胡鐸妻年二十六夫歿子甫週歲撫之成人現年六十六苦節四十年

李氏庠生段再招妻年二十五夫歿家貧子幼公

姑老且病養耋盡禮教子入邑庠年七十二而卒

傅氏童生胡其塏妻生一子中楚年方三齡其塏歿傅年二十六事舅姑撫孤成立有二孫現年五十三歲

徐氏貢生姜一詔妻年二十九夫歿二子曰棟曰梁年僅三五歲撫以成立列國學復相繼早逝徐撫養孤孫課讀不倦年六十七卒

李氏儒士杜興祚妻年二十四夫歿姑年七十子幼家貧值歲饑藜藿不飽勉力姑膳未嘗稍懈

年七十餘卒

姜氏曾惟憲妻年二十夫歿有子國樑教以詩書子歿復撫孤孫教以成名苦節四十餘年卒

徐氏庠生維明女適蕭和璜年二十四夫歿教子大利入邑庠苦節四十八載現年七十二

曾氏儒童杜以德妻生子有鼎有儀有容年二十八夫疾刲股救之不得夫歿後勤苦自甘三十餘年卒

胡氏國學生杜興業妻子再瑜再瑛年二十二夫歿事姑孝謹教子成立守節三十餘年卒

張氏羅邑同知光會女經歷杜與義妻年三十夫歿敬事公姑撫孤再晨列國學守節二十九載現年五十九

杜氏張之傑妻年二十二夫歿子幼家貧苦節三十年卒

劉氏庠生曾國玫妻年二十七夫歿一子在宜守節二十五載現年五十二

劉氏汪一麟妻年二十四夫歿一子太和守節五十三載現年七十七

王氏方宗坎妻年二十四夫歿一子繩祿苦志撫

之成家歷三十餘年而終

陶氏方衍江妻年二十三夫歿矢志撫前子及已子中年二子俱殁復與兩媳撫其孫現年五十八

段氏庠生再彥女年二十適方衍儀逾三載夫歿子甫週歲矢志撫孤現年七十子殁孫幼貧苦自甘

方氏適職吏舒其翼夫歿方年二十三撫出立姪爲子子復殁與媳段同撫其孫及曾孫舒瑄入邑庠生年八十五卒

曹氏職吏劉斎妻斎歿曹年二十五守志撫孤現
年六十八
黄氏庠生雒周女年十八適胡桐未逾歲桐死越
月生一子伯叔逼之斷髮誓守撫子成家孫繼
黌入邑庠年七十三卒
唐氏庠生段肇忠妻肇忠歿唐年二十八子甫半
齡撫以成立復死無後氏亦尋逝年五十三
陳氏年二十一適唐陞巖逾三載生子甫兩月夫
歿茹苦守志現年五十四
閔氏唐必達妻年三十夫歿撫子陞崑陞嵩俱入

[illegible]庠年八十六卒

張氏經歷劉一舉妻子昌甫二歲夫歿張年二十三苦節事姑年七十三而卒昌妻裴氏年二十七亦夫歿矢志現年六十三

劉氏經太雍妻夫歿劉年二十四親族逼之改適[illegible]志堅守立姪以嗣縣學廩膳之現年五十一

王氏徐在嶽妻性至孝于歸後繼舅祖妣戴氏[illegible]劇刲股救之年二十九夫歿二子幼甘貧守[illegible]年八十而卒

吳氏經歷鄭榮名妻生一子貴[illegible]榮名往京師歿

於義邱吳年二十五痛哭絶粒幾死哀慟其叔
榮還渡河尋尸歸塟鄉里苦節五十一年卒
徐氏姜一仁妻生二子夫殁徐年二十五家極貧
苦節五十年卒年七十五
徐氏孔傳禮妻年二十三夫殁無子立姪以嗣姪
復早死與媳朱甘貧撫孫現年七十八
張氏裴大有妻夫殁張年二十四有一子家極貧
苦節五十年卒年七十四
馮氏庠生徐一致妻年二十四夫殁子甫歳餘矢
志撫孤年七十三卒

徐氏謝東山妻夫歿時年二十六家貧甚依母氏
謝繼紡績苦節三十四年現年六十

劉氏朱時尾妻夫歿時年二十五歲守節撫孤現
年七十

張氏徐在錦妻年二十九夫歿子幼舅姑衰老守
節孝養年七十二卒

張氏儒童程光湞妻年二十三夫歿家貧相依母
氏紡織撫孤成立現年六十五

金氏儒童江庭鵾妻夫歿金年二十五子元聰僅
週歲事翁姑撫孤守節三十年現年五十五

陳氏年二十一適聞成周逾年夫歿無子以姪承
遠嗣家計[illegible]係紡績度日孝事舅姑歲饑藜藿
不飽而菽水無缺歷三十載子既成立家亦稍
裕現年五十一

趙氏適儒童江庭[illegible]子文達甫一歲夫歿趙年二一
十五孝事孀姑撫孤成立入國學歷三十四年
現年五十九

張氏儒童匡四游妻年二十二夫歿子五福僅六
月事孀姑撫孤苦節四十三年現年六十五

黃氏庠生段選妻年二十五夫歿家貧矢志紡績

教子現年八十五

傅氏儒童余良銓妻廪生有寬女幼誦女訓年二十五夫病革囑曰吾親老子善啟甫三歲弟良鎮亦幼未了事爲我承之遂卒傅孝事舅姑教子成立遭家多難絶無怨言善啟亦娶傅氏年二十餘又夭遺子維寧姑婦同志依其叔良鎮鎮亦旋殞無子妻鄭同心撫養繼寧三世四寡一孤煢然人皆敬而憐之

閔氏庠生汪宗模妻年二十八夫殁父母憐而欲嫁之投繯自經嫂力救乃免守節歷三十年子

正燧邑庠生正英入太學現年五十八

鄭氏庠生熊清泰妻年十九夫歿痛絶復甦越三月遺腹生子風時紡績奉姑至年六十風時亦歿又撫孀媳汪及孤孫雲路俾其成立守節歷五十八年無疾而逝

郝氏儒童鄭一朝妻年二十九夫歿氏事孀姑沈最孝撫孤本桂列國學守節二十六年現年五十五

段氏廩生鄭萬融妻年二十四夫歿矢節撫孤同周周生二女亦逝立姪孫爲嗣捐田爲闔族祀

產復捐田建蒔壽菴般若菴卒年六十八歲時祭掃族人皆禮祀節婦並及其夫

鄧氏太學生鄭元杲妻年二十三夫歿以姪爲嗣越七月遺腹生子一堅矢志守節事孀姑張孝每歲捐貲備棺木藥餌以濟窮鄰年四十七卒

龔氏庠生沈詩賦妻年二十九夫歿敬事翁姑撫孤書田成立列國學守節三十一年卒年六十

沈氏鄭元凱妻事舅姑孝年二十四凱卒撫孤成立子一朝國學生次一棟邑庠生年七十七猶勤紡績諸孫皆克承其家云

程氏邑庠生鄧斌妻年二十八夫殁矢志事姑姑病藥必先嘗衣不解帶者五十餘月里人賢之現年七十三

周氏儒童沈書政妻年二十七夫殁子承龍甫周歲家貧甚紡績孝孀姑撫孤苦節三十五年現年六十二

葛氏儒童沈詩言妻年二十八夫殁矢志事孀姑撫孤出奩資修橋路年七十二卒

段氏生員王天鐸妻年二十九而寡勤儉致富子三人俱援例入貢監鄰里貧困者不時周濟年

九十無病而卒

段氏庠生簡女王之輿妻年二十五夫歿子從顧甫一齡矢志奉姑撫孤閒出紡績所餘周鄰婦急困年七十四

岑氏王之弼妻年二十一夫歿止一女陳氏王之吏妻年二十夫歿無出姒娣同心守節伯叔分其産毫無怨言岑依女家陳依母氏完貞四十餘年

段氏王道瓊妻年二十九夫歿家貧子幼孝事孀姑撫孤成立入國學現年七十

段氏庠生肇昌女監生王之榛妻夫歿遺腹生子
從照撫以成立夫弟之枋亦夭無子妻顧氏立
姪從熹爲後時稱雙節段現年五十五

程氏王從瓏妻夫歿程年二十四子善紀甫二齡
遺腹生子典家貧守志孝孀姑撫孤鄰家失火
屋幾燼程出拜火遂滅時謂節孝所感現年六
十四

徐氏儒童蕭和瑞妻生子太典和瑞歿徐年二十
一矢志勤儉孝事翁姑子復殤以姪大瓏爲嗣
夫弟和瑀無子捐己租給[illegible]娶[illegible]知縣張掄甲

匾曰松鶴偕茂年五十二卒

沈氏童生蕭和恂妻年二十適恂逾二年夫殁無子以姪大炳嗣矢志守節紡績教子入國學現年五十六

王氏監生鄧可煥妻年二十九夫殁守節事孀姑二十載曲意承順教子大邦入邑庠

傅氏生員鄧大魁妻年二十三夫殁矢志奉翁姑二十餘載置産二百石養子成立現年五十歲

鄭氏儒童蕭和忻妻節孝徐氏之媳也年二十二和忻殁二子繼殤以姪大劍爲嗣事翁姑孝姑

徐年八十 病臥兩載親湯藥操滫瀡未嘗廢
離勤□有 □現年五十八子大劍屢欲請旌
鄭不許

沈氏儒童□ □妻節孝徐氏之媳鄭氏之娣也
生子大緒 □年二十八夫歿事姑孝與鄭同
心服勞終始 怠現年五十八

傅氏余良銀妻 □二十七夫歿矢志撫二子成家
現年五十六

劉氏生員段宗□□妻宗禹家貧劉紡織忍饑寒供
讀書貧年三十夫歿家益窘苦節無怨言現年

九十二蒙　恩例賜粟帛兩次

劉氏太湖監生尤禹之女儒童蕭和純妻年二十二生子大悅方三月和純殁矢志孝翁姑教子門庭肅然娣姒皆以爲法末年有孤燕巢梁間鄉里比之衛仲瑜妻王氏年七十二卒

夏氏監生蕭和澤妻和澤死祖母八旬生母六旬三子皆幼夏年二十六事二姑撫稚子勤儉持家後因哭姑損一目現年五十一子大林國學生

陳氏柯有德妻年三十夫殁有二子矢志教子辛

喆餘積捐修橋三座共用銀二百三十兩現年
六十一

汪氏鄭元哲妻年二十五夫歿子方三歲汪矢志
養姑三十餘年姑壽八旬乃歿子孫成立汪現
年八十六

吳氏儒童馬世鏁妻夫歿吳年二十八矢志守節
撫子以嫡道河嗣家貧紡績教子成家現年六
十二

胡氏職吏馬世鉅妻夫歿年二十六矢志撫孤孝
事孀姑教子道潤入國學年六十一卒

胡氏王湘妻夫殁胡年二十七子保元甫六歲家貧如洗依夫弟濟自勤紡織矢志撫孤苦節三十二年現年五十九

程氏張啓誼妻年二十四夫殁子亦夭捐田三十石入祠守節四十二年現年六十六

徐氏年十九適庠生胡華旦二十四夫殁以姪爲嗣生一女子又死紡績養孀姑撫孫女姑殁乃依其兄嫂年七十九而終

程氏鄭榮將妻年二十八夫殁甘貧苦守紡織教讀歷年六十卒子寬孫之倫後皆列邑庠

鄭氏余延周妻年二十四夫歿家貧矢志孝事孀姑撫孤成立現年七十八

傅氏余良寧妻年十九于歸逾歲夫歿遺腹生子善佑孝事舅姑撫善佑入太學有四孫善佑年二十餘亦歿妻鄭青年矢志敬順孀姑現年四十八臬憲崔旌其門曰雙節齊名

樂氏庠生程巘妻年二十八夫歿子光清光渭俱幼越五月遺腹生子光淑矢志撫孤家貧紡績以資膏火清渭皆早逝光淑後入邑庠年八十七蒙　恩例賜粟帛壽九十二而終

程氏彭寧一妻年二十五夫殁家貧苦節年八十四卒子孫皆入邑庠

張氏鄭元熏妻年二十夫殁二子俱幼孝事孀姑後二子繼逝復撫兩孫兩孫現年六十六

張氏鄭一鑑妻年二十三夫殁孝翁姑撫孤成立現年五十八

李氏王正世妻年二十夫殁子天噎甫二歲孝事翁姑教子成立年八十一卒

蕭氏佘良珺妻年二十八夫殁撫子成立婚娶子媳繼逝又撫兩孫勤苦成家現年五十

黄氏國學生葉生玉妻年三十夫殁守節五十餘
年蒙　恩例賜粟帛年八十四卒
徐氏胡廷紳妻年二十夫殁子華靖甫四歲矢志
守節現年六十
胡氏徐曾趾妻年二十九夫殁子大燦大煥俱幼
守節教讀年七十一歲子大煥孫道越俱列邑
庠
胡氏徐大綬妻年二十七夫殁撫孤道宣成立守
節現年五十七歲
李氏年二十二夫聞將詳故撫子道貴守節四十

八年現年七十

鄭氏吏目程明械妻子行烒甫一週而明械殁鄭年二十三孝事舅姑舅殁姑年七旬抱疾飲食湯藥不假他手好義樂施邑有大興作捐貲不吝教子有方因年例未至先附錄焉

鄭氏太學生傅士松妻年十四刲股救母二十二刲股救夫夫殁撫兩孤以煩以觴矢志守節孝事孀姑年例未符附錄

鄭氏太學生胡華仲妻夫殁鄭年二十六事繼姑孝撫兩孤應龍應鳳俱列國學仲兄華佑夫婦

早喪三子旋亡三媳及諸姪孫皆鄭撫之守節

二十一年例未符附錄

閔氏儒童鄭一鎬妻年二十四夫歿無子矢志事

祖母戴繼姑朱曲盡婦道現年四十一年例未

符附錄

杜氏監生程明楷妻年二十九夫歿有二女一子

撫以成立躬親紡織守節二十年現年四十九

例未符附錄

英山縣志卷之二十終

英山縣志卷之二十一

知縣錢塘張　海重修

藝文

詩文之盛自兩漢迄乎唐宋作者林立而英屬楚黄六蓼之分邑故鴻篇鉅製莫得而紀焉顧設縣以來五百年間積學能文之士固爲不乏雖未必與唐宋以前卓然成家者抗盟樹幟分道揚鑣要各極一時之選亦自有迥出等夷者乃明季流寇盤踞十餘年荼毒焚燬百不存一而邑中著作復鮮付諸梨棗布在四方徒掇拾

於灰燼之餘宜其所存無幾也

國家文治日隆異材鵲起庶幾彬彬乎賢有其文

今擇有關志乘者著於篇志藝文

藝文一

詔勅

明太祖賜王子章段伯堅楚祿勅　洪武二年

王子章段伯堅爾本布衣之民乃能捨死爲我國家擒拏作亂奸雄親解赴京眞義士也朕念爾勞苦授爾官職爾乃再辭不受只願歸去保障地方給爾衣帽緞帛酒肉歸家莫分爾疆我界倘有餘黨未靖與我一名一名拏來那時還有大塊金銀賞爾子孫欲將疆外祖產并爲一處供租於今天下成法已定難以更改賜爾楚祿二百二十石止納蘄塅秋糧應當

英山差役那裡官司里老毋得生事擾害但有干己事情許爾親自來說故勅

明英宗賜義民徐滄海勑　正統六年

勑江南廬州府六安州英山縣民徐滄海徐滄澥徐滄淵國家施仁養民爲首爾兄弟能輸粟三千三十餘石自運助賑有司以聞朕用嘉之今特賜勑獎諭勞以羊酒旌表義民徐世安之門仍免本戶雜泛差役九年尚允蹈忠厚表勵鄉俗用副朝廷褒嘉之意欽哉故勑

贈封戶部主事劉會勑　景泰四年

戶部司養民之政，其任非輕，故選屬詳於諸部，苟非其人，曷稱任使。爾戶部貴州清吏司主事劉會，發身科第，擢屬地官，比以隨征，附於戰陳，勞苦可憫，良切朕心。茲特贈爾階承直郎，職如故，錫之勑命，以示旌褒。於戲！人孰無死，惟死於國事者爲最榮也。爾尚祗服隆恩，永慰冥漠。

記

重建儒學記

明禮部尚書歐陽德泰和進士

英山儒學舊在縣治西北隅地勢俯仄風氣湮漫不足以孕靈毓秀令數患之葉君邦榮爲縣進吏民語曰令以阜民興賢爲職而儲賢之地若是夫尼邱毓聖嵩嶽降神沃壤毓靈苗斥土萎佳木地道也不徙不可乃相得稍東寬平環會之區勾稽得積逋餘千僉請諸當道而成之閱數月廟廡堂齋廨舍門垣嵬然秩秩然既完且美山擁川迴獻祉發祥士學於此意氣勃如咸相謂侯盛心厚德育我於成思周慮遠靡

所不至宜有紀載以志事始且俾休燕後可考見於是學生程謨奉學諭簡君宗儀狀謁記予既諾之葉君去爲安吉而縣令歐陽祥龍增修加葺與今學諭張繼申子雋諸並請有言以訓諸士子惟人生而善夫之性繼氣質不能無清濁厚薄之殊而聖愚賢不肖漸以分焉學者一以聖賢爲準則必期盡踐乎其實而不徒習爲其說襲取其故則未有積而不光者若本之不務而末是圖而以材之成與否諉諸土地之興廢然則申侯孔子不世出豈崧嶽尼邱遺失其蘊也耶孔子之好學也發憤忘食樂以忘憂不知老

之將至夫軀命莫切於食情莫甚於憂而老者往生之際三者能忘則無所非忘用志精一如是是以德成道充周不器之用而曰地之靈爲之也無乃誣聖人且自誣矣乎雖有沃土種之嘉穀然培壅灌溉之不繼而以天澤地利爲足賴人未有不詬其惑者土之沃矣而嘉種不播日規規而望之曰粒食豐乎是則其惑也滋甚嗟乎入斯學者務修其身以成德嗣爲斯縣者務修其教以成人之德上下交修庶幾勿壞前人之績不負茲山之靈也歟學徒於茲踊躍來春二月既望成於是年秋八月二日

重修儒學記

明侍讀學士陶大臨針泠進士

聖朝稽古建學制極宏遠歷年既久乘時修葺以宣布聖天子德意則存乎良有司賢師儒英山縣儒學令文廟門廡乃其故址於時士以文學顯者常不乏人爲好事者徙置東隅旋卽摧折嘉靖中羣議復舊而當事難之賴教諭張鏻抗疏得請適前令少梧李鳳大舉修建功成而令以遷秩行其後逾時不葺遂使芹泮蕩爲芻牧學官出僦民居有心者徒懷慨嘆而已隆慶二年龍泉葉令至見之憮然遂建白於巡按御史王督學御史周郡守張咸可之三年己巳歛

論潔星繼至令喜有所屬乃相與經營規度始事於是年六月自文廟以及門廡僅仍其四壁而樑棟榱桷悉皆更易又以明倫堂舊址幽僻改建於今向明之地立敬一亭於其後名宦祠附於東教諭宅依之建啓聖祠於文廟後計所修建凡十區採木於山運沙石於河垣墉塼埴工匠鱗集再越春秋甫及竣事工費十倍於所請咸出令區畫及捐俸助給且時犒而屢省之故百工用命潔子亦屈力殫慮自勞來以是人忘其勞用克底績乃令聖賢妥靈師儒奠居有司時得課試而多士彬彬然日進於文教之中蓋

衆數十年之廢墜而振起之棠令之功於是爲大而滌子亦與有勞焉國子程生來金陵持滌子狀徵予言爲記予於棠令有鄉誼於滌子有年誼且幸二子能不失乎教學之意宜直書以昭示後來使臨政者圖難於其易爲士者去舊以即新庶無負聖世作人之意亦無負父師作興之功也是爲之記隆慶五年夏六月

重修學宮記

明撫州雷逵　豐城進士

廬州府西七百里爲英山縣舊學歲月既久先時扭因循燬殁作以故文廟卽漸頹圮亦置弗省嘉靖辛亥予守廬州知縣潘維藩以葺理請未果又二年癸丑寇起蘄黃流刼英霍間驚呼騷動而縣令適缺予以强盜安民非得賢令不可乃移文銓曹乞於進士内選補令尹李子賓膺命而至首以興起學校爲己任具狀以聞轉白於巡撫少司馬海鹽鄭公巡按侍御德州李公提學侍御江山趙公咸允自嘉靖三十三年六月鳩工始事至次年二月告成殿宇之崇嚴

堂廡之宏厰重門之壯麗啓聖有祠師生有舍丹堊規制煥如也尹既以工完報而又偕學諭鄭茂寬訓馬元俊請識日月且用訓多士予適膺蜀臬之命念與諸生日益疏遜也因進而告之曰稽古建學之義有諸經傳可考也諸生朝吟而暮誦之宜罔弗户耳習熟亦思所以實用其力乎夫學以明人倫也君臣父子夫婦昆弟長幼朋友之叙天之所以與我人生日用恒必由之非有奇端異說高不可幾及者循之則爲蹈道爲君子元凱之所以翺用於唐虞也悖之則爲不肖爲小人四凶之所以迸竄而[illegible]

之降才非殊吾人得之以有生亦非有輕重多寡判若冰炭之不相近然而或爲法於天下或不免爲鄉人念不念之間而已英地雖僻在山谷其所賦受豈不逮人然而道德科目之士邈焉可以自省自厲矣昔東吳未知有聖賢之學自言游依歸聖人始以文學顯其後風氣日開人文宣朗遂彬彬然與中土埒今聖天子文教昭晰道化汪濊諸生沐浴德澤非一日矣誠即其所誦讀者而厚以自勗焉無或暴戾恣睢以忝厥德則父父子子夫夫婦婦兄兄弟弟宗族稱孝執友歸仁不出戶庭萬理咸備固元凱之徒也

達之而居廟廊邦國之所以安富尊榮也歛之而在山澤子弟之所以孝弟忠信也豈終見棄於山川不能自別於洿瀆市井者耶吾行矣方樂得諸生之有成而克光於上之人作新之意也諸生勉乎哉李尹名鳳番禺人以癸丑進士補縣令嗚呼觀是擧者其亦有徵於絃歌之風矣乎

高侯生祠記

明戶部尚書 耿定向 黃安進士

高侯任英五年以清操惠政聞於朝徵授臺諫行英民思之不已欲建祠祀之請於代任胡侯曰盛舉也祠成邑之李生來請言以紀其事余惟上下應一機也上以慈下下以忠上情所自然遂嘉其意而紀焉高侯諱維崧號景南廬陵人隆慶六年任初見其民凋敝愁苦如痌瘝在身即自矢惠養元元以行其所學於念庵者於是單騎徹衣省刑恤民清覈徵豁奸弊作新學校綏撫黔黎官成逾久清操逾堅以英邑弊除利興士奮民歌始上之未知則[illegible]利[illegible]

曰胡爲不知我侯也至萬曆五年侯以銓曹考選去又愛相謂曰胡爲使我侯去我民也寇不克借而思之思之不已而建祠祀之所以繫甘棠而不能忘是英民於侯可謂交相愛者矣蘇子瞻不云乎守令者斯民之保乳赤子不忍離其保乳人情大抵然也然公之自修初非有求於民而英民愛慕之誠且久則更有出於祠像之外者噫是祠也英民報德之厚胡侯成人之美胥見之矣余與高侯素同志是不徒爲侯慶而實爲念庵之學爲天下萬世愛而思慶也是生唯唯作去思碑記

縣尉董公去思祠記

明　邑令　胡咸賓　德清恩貢

初弘治間長淸董公廷秀由胄監作尉英邑惟遵法守不以一米一縷取諸民也民咸以慈母者慕之浚井則曰董公泉建堂則曰董公廳祈永久也乃甫三載即引年求歸民泣留不允竟持虛囊以行去之日猶在之年也爲列諸賢令祠生祀之萬曆辛巳英罹蟲害當道檄霍山董丹來檢灾狀至則先謁董公裔孫也不惜山谿之險遍歷荒土愀然憫惻英民戴之日感今追昔攀道挽留者三日跋送之後即詣邑請建去思祠於西城阜傍覘山紀功頌德爲余忝惟

民請伐木採石運土鳩工旣咸備爲門堂若一扁曰明邑佐董公去思祠爲廳事者二扁曰奕世流香勲以丹漆爾以棘垣巍然廟像經始於陽月之下成落成於是月之丙午倡其議者庠舍諸生供其役者三鄉耆老督其成者邑佐張徐二君暨邑博士項王二君至於始終經畫併紀其事於石以垂不朽者則咸有實殫厥思也工甫畢遂屬之司戶俾無傾圮於樵牧云

縣尉董公專祠記

明　知縣　劉世光　樂山人

明興設官分職縣自令而下有丞有尉司一職以任其治於長令者也是故無專制之權而有繇掣之責任是職者蓋亦囏哉而非有果斷之才明敏之識莫與也英自有官以來以尉著聲者洪武初則隋公贇嘗以功晉別駕秩流芳郡乘炯炯不磨弘治間長清董公廼明經作尉是邑初至境上廉諸邑人曰斷木者引繩則直立政者用道則治于今者倀倀然而無從也尉之設有年於茲涖政者孰賢曰皆賢孰可法曰皆可法國初隋公其至哉乃輯隋公之舊恩所以

蘖其芽而芟之嚴毅堅直政務尉於民心緝封內外究而詰其怯一時山境晏然尤屬於農桑曰是民命也每春和則循行阡陌惰者有罰勞者勞之藹然有古先王勞民勸相之意且也食無兼味衣無重采曹無留務庭無候吏車無停轍委無暇時去之日民攀號而送之者如嬰兒之失慈母至今望其庭汲其井者必曰蕭公亟公志慕也諸感其德者旣祀之列諸賢今祠矣萬曆辛巳公之曾孫覲吾公以進士爲令霍山今升者承檄來攝此地次狀英之民思先公而不得見得見公之裔如見公也是故老人傴僂丁壯

踴躍童子歌謡而來者聯屬不絶夫法以防民仁以愛之故威行而惠立宜其係民之思永永不忘如此也先是德清胡公至民以公未有專祠也請於公公乃築西城阜拓地建祠奉公之木主於中而以表思名之今歳癸未余小子適至適[illegible]厥成[illegible]祠下問貢王君率諸弟子相與告曰封南國之棠者思召伯之政流峴山之碑者追叔子之德先生其有以識之余惟公去英百三十載而今日諸縉紳諸父老[illegible]諸子弟[illegible]聲容之不相及也乃油油然而思之思之不置又乞祠之文寄其思於厥裔也有遺愛矣在

[illegible]山縣志　卷之二十一　藝文

之曰甦恩厥稱矣哉因系以詩俾四時歌以祀公詩曰有婁君子古良臣兮來尹英蒞政何仁兮除苛禁暴經濟神兮良法美意劑調勻兮四民寧宇樂利均兮闔闢與谷生陽春兮於穆廟貌山之陰兮百千萬祀永無垠兮揭以銘之在後昆兮藎扉紫閣早致身兮

兩河口舊文昌閣碑記

明　邑令　劉光啓　新繁舉人

萬曆庚戌之冬學博吳君甫至爽龢英庠科第之稽詢地不乏才或形勢未完謀創文閣於西陵助宣文運光啓暨二三僚友欣然樂從遂誅茆鑿石集材鳩工經營其役自辛亥冬屆壬子秋落成搆文昌閣一座貢武殿三楹右爲廻龍寺樓閣參差溪山獻秀秋闈獲雋地靈人傑洵不爽哉旣府儲驗罰閣益藏迺千載創見之業亦千載上民之遺矣是役也光啓與吳君捐俸首倡糧廳沈君邦據其勤捕驛秦君與有助焉鄉宦高擣謙鄧鄗鄭孔涞閻朝中李墒蔡王守

諫等生員王鼎臣李魁春程子蔡李牧等樂助勸勷李魁春之功居多首倡圓堂不懈己私集徒供役勞勩爲最士民施金者例得並書當與琅𤨏共垂不朽

古尚楷甲貢署教諭舉人烏程吳維聰書

重建公館記　　明　余中剛　邑舉人

易取諸大壯作宮室以待風雨禮以有司所授舍作公館以待賓旅邑侯朴齋葉公始立政首邑賓客之館曰毀宮壞室曠無寧所其如賓旅至者何八年冬十月廼謀營始捐俸完客所館以楹計者正爲寢三中爲廳三翼爲序二其材孔良越十二月丁丑既成賓從有所賓至如歸無層榭侈觀從朴也費不斂民惇惠也作以旹中時便也是故舍之弗葺是謂傷禮葺之以殘是謂傷仁假之以罷是謂傷廉是故傷禮則慢上傷仁則賊下傷廉則汙已是謂疵政君子曰

厥役哉也是故無無然姑息以全禮無無然勞罷以全仁無然封殖以全廉廉以守仁仁以基禮禮以體政是故政成而民聽君子曰厥役善也惟我賢侯哉侯以功落成乃告諸僚丞劉公善賦適觀厥成簿劉公希賢賦庶民子來尉虞公憲賦適子之館兮朴齋公亦賦君子攸芋

雷家店東嶽行祠碑記　嘉靖二十一年　闕名

凡名山之列於天下也，能奠方域，產財用，興雲雨者，皆有神以主之，立廟以祀之。英山雷家店距縣東四十里許，其山名鳳潑嶺，峻拔聳秀，山巒萃雄，佳氣冲融，歲旱而雨，雲氣族山頂，巍然爲一方之勝。自宋而來有東嶽廟在焉，元末兵火殘毀，惟存一楹，甚微，僅爲神覆。故老相傳有制誥去[illegible]皆被煨燼，斷碣碎礎湮瘞榛莽間，無復見者，故神蹟莫考。迄我國朝，湖居民仍舊址爲之革新其祠，而神靈如故。洪武二年，麻城賊潘友文，洪武五年，羅田賊王玉二皆叛擾英邑東南界隋侯贊時爲主簿兩禱於神皆獲擒滅謂非神陰翊之功而何歲頻水旱虫蝻祈禱罔不立應闔里遠近或疫癘有作廟過廻數里民皆無恙近虎狼爲患一禱遁跡神威顯著歷有可徵弘治乙卯邑民請祠宇弗稱乃恢擴舊制更修前殿後寢各三楹殿南立拜廳一楹正德丁卯建三門三楹邑尹李公諱全者又建鐘鼓樓三楹於拜廳之內又建十王殿東西各五楹於正殿兩旁丙子歲拜廳之東西建兩序皆鼓樓屋各十楹嘉靖丙戌始立坊碑於鐘鼓樓前垣墉四周神器悉具而殿中鐘鼓爐瓶猶缺邑尹周

公捐方[illegible]所置於是人感神而降乃儀祀神於人

其分福禪者予曰有其誠則有其神無其誠則無其

神理固然矣夫五嶽之在天地其尊爾也非天子之

公侯不得以主其祀禮曰諸侯祭山川季氏之旅孔

子以爲僭斯民於東嶽獨加尊信者無乃道家者流

謂爲五嶽之宗神靈之府人之生死禍福皆其所司

故各據其山川之勝而祀之謂之行祠若茲山也茲

神也素能對於禱祀化荒饑爲稔易沴爲和厥功彰明

焉可泯没將有居民率諸大家爰立茲石繇徵紀厥

神功傳之永久俾萬世之下咸有聞是爲記

重修城隍廟記

明 黃巖縣丞 鮑軫 邑貢生

治天下者必幽明協贊而後政通人和故我聖祖登極凡名山大川神之聰明正直紀諸祀典者咸秩祀之京畿而下悉建城隍廟錫以封爵冀其襃崇而莫若民生也洪武二年正月勅封英山縣城隍顯祐司民顯佑伯以主是邑邇三年麻埠盜洊友叛殺六安州判官餘黨掠入英山火官民廬舍殺邑民若干主簿隋公贊禱於廟率民兵汪文輔等進破於陶家坊盜平越五年冬王玉二以妖術聚衆出沒衛黃勢甚猖獗尋掠英山境燒三吳東嶽廟延燬縣治

公禱於廟率義士夏仕仁等逐至黃陂木蘭山賊曾
感化村破之擒玉二并偽官余羊保親解赴京師十
嘉主簿累功陞英山縣知縣凡應敵者賞賚有差七
年虎噬食人於郊民胡高九權虎口訟之官隋公理
其狀於廟曰陰陽各有所司今虎噬人神之職也注
法殺人者死願神坐以法未幾虎死噬人所弘治十
年春囷始羣盗張玘等攻西門時知縣陸公玘典史
李華禱於廟討之盗望風奔潰追至德勝山擒獲蒯
問盗稱初見衆擁一官紅袍烏帽乘白馬騰雲而至
遂迷不知所爲嗚呼幽之所以爲鬼神也此神之有

以顯儀也故曰顯則威靈丕著依則德澤溥施夫神與人相依人賴神而受福神效靈而享祀廟之作也豈徒然耶故自更始受封迨今邑境肅然安堵神之力也正德改元邑民李友富等以廟宇神像久而頹廢各罄誠捐財鳩工修飾之爲寢室爲正殿爲廊廡閱三月訖工不惟妥神之靈而協贊政化我聖祖褒封之意亦慰兖英之賴其庇者將未艾也是爲記

英山縣志卷之二十二

知縣錢塘張　海重修

藝文二

記

重修文廟記　張　海邑令

古者建邦設都辨方正位立城郭宮[illegible]祀[illegible]協之於人謀又申之以卜筮如詩所云[illegible]卜云其吉者蓋將以臨民出治造士育材其[illegible]不可不慎也況先師聖靈之所妥多士風氣之所開尤可不加之意

乎傾自卜筮之用隱而青烏之術興於是拘忌者則
動多觸礙潤略者又概置弗論是二者所爲皆過也
英邑　文廟自有明以來不知幾遷矣康熙辛巳前
令蒲田林公始定今制多士猶諱然弗善也余乾隆
甲戌承乏玆土竊聞餘論然素不習陰陽家言唯念
廟漸頹敝思以時修葺而已乙亥多士既翕成志
乘而樂輸有餘復以修廟爲請余乃集紳士於明倫
堂公議之僉謂陰陽之理過諸人事
先師所居必先正位向端拱中坐然後可以萃四方
之秘氣開一邑之文運且古者視學釋菜合樂即釁

聚費序師弟子歟教講學陳常悖典故曰庠序學校皆所以明人倫也今乃曠不相屬岐廟學而二之可乎所居未得其地故蛾子羣飛芽櫱穴棋榱題剝落非一爲更易補以垂諸久遠余乃偕多士經營相度諏吉鳩工移崇聖祠於後與明倫堂相接奠正殿於祠基處勢高敞聯望端肅文子雞鳴山前後屏列巍巍翼翼自祠廟兩廡梁棟毀蝕者易之缺畧者補之丹雘堊茨覆瓦甃石凡用工若干三閱月而竣爰與多士而進之曰諸生前所言者既有徵矣繼自今勉學敦行將來文章事業炳耀史策倘未可量顧念學

聞之道綱領條目之詳載在經籍而發明於先儒者諸生聞之熟矣獨是聖門諸賢親承至教成德達材各以實學傳聞百世後人或弗考其精蘊無以見諸行事而徒習爲大言茂視一切不知掇拾詞章之陋習剿襲儒先之緒論同歸殊途其無實學一也故爲學不在多言視力行何如耳苟不以聖賢之言實驗諸身心踐履之地而徒崇飾宮墻輝煌俎豆遂謂尊聖人爲依歸而坐收功於地靈人傑是務其外而遺其內也吾願諸君子宏此遠猷毋使後之人復歸咎而議遷焉是爲記

新建學宮記

邑諭　歙縣舉人　吳之騄

英地界連羅蘄無城郭少宮室百爲草創明啓禎來饑荒寇掠民靡孑遺而學宮亦屢遷屢廢聖人之居迄無定所

聖天子體乾出治重道崇儒自宣尼夫子暨顏曾思孟嘗親爲贊康熙三十九年林君築巖守茲土於時生齒漸繁人知嚮學爰咨詢紳士又詢於司鐸吳之騄相視形勢於鷄鳴峯下得高廠地百餘丈衆水環抱諸峯拱峙因其地之高下爲聖殿爲東西廡爲大成櫺星門其瀦地爲泮池殿後爲明倫堂堂之西北爲

啓聖祠費凡千五百緡經始於辛巳之秋而告成即
於壬午之冬適太守見陽張公爲民事來英復以捐
助罰贖補工費之不及故英雖僻陋而學宮負山帶
河其巍煥嚴翼幾甲於淮南焉於戲盛矣夫氣運之
興必有其時有其時必有其人今幸邑侯林君毅然
爲之倡諸紳士翕然爲之和又得太守張公臨涖而
玉成之而如縣者素餐斯土竊附於相陰陽觀流泉
之說遂據英士之第一區爲春秋享祀之所學成將
聖天子頒御製訓飭士子文次年又頒平定朔漠告成
太學碑文天語煌煌文事武備各極其盛不啻日星

亞羅而雲漢流光雖太平盛世四海所同而英學告
成適逢其會爰進諸生詔之曰若輩生太平之世雖
深山窮谷皆聞皇極敷言以近天子之光尚念父生
之而作孝君食之而作忠師教之而傳習得學切於
君臣父子夫婦昆弟朋友之大義以毋負
聖天子之治不亦盛乎昔魯閟宮成奚斯作頌曰新廟
奕奕奚斯所作言董役也今英學之作董役最勞者
爲廩生傅有宗增廣生傅有宣太學生馮時大亦與
有力焉不可不紀其紳士之捐貲助力者例得書名
刻石嵒康熙乙酉七月二十日

英山縣志　卷之二十二　四

新建凌雲義學碑記

邑教諭程燿先 太平副榜

子程子之言曰古之成材也易而後世之成材也難豈其性之有殊抑亦教之無法耳我

聖上加意作人凡學臣暨教職必慎其選蓋欲訓士著並率生徒羣佩服於聖賢之教以備朝廷異日之用而天下士求浴德化爭自濯磨彬彬郁郁稱極盛焉凡念寒素之家亦有秀良既不能負笈從師又不能講學會友遷延歲月坐廢半塗復於各州縣設立義學何其憂之深愛之切而成就天下之人材者至廣且大也然吾謂不難於立義學而難於實心舉行義

學之人不得其人則雖以深思遠慮之美政亦致名存實亡毫無裨益即義學亦往往有之惟邑侯趙公以黔越名經魁來宰是邦絶苞苴杜請託釐奸剔弊踰年而賢聲藉藉乃新文廟闢雲路濬泮池凡所以振興文教者悉本諸至性至情英之士既咏歌而稱道之則又鼎新義學蓋自下車之始見邑西舊有學制隘湫荒爰卜吉於東南郊外捐俸購地創立學舍二十間置義田二十四畝以其歲租爲師生薪水資擇文行兼優者主其事邑之秀而貧者召使受業焉顔其堂曰敬業名其學曰凌雲隱示夫青之飫者光

必遠積之厚者發必盛公之用意良深而公之作人誠不減古之菁莪棫樸矣夫何地無義學何人不知有義學若如公之委曲周詳可久可大上不失朝廷創法之意下以成單寒無力之士實政偉績澍千載一時也二三子體公之意服公之教鼓舞不倦不難各成其材行將爲鵬飛爲鯤化由雲路而步天衢俾英之科第與大江南北齊驅並駕是又公之所惓惓屬望者予幸躬逢盛典忘其譾陋握管而誌其美雖

正十一年冬十月

重建儒學記　方超　教諭

乾隆二十一年丙子某月日英邑多士重建儒學既訖功諸生合辭言曰學宮成矣願有記余曰郡州縣學天下所同也何以記爲將原學校所由興前人論之詳矣其探于經術而得先王禮樂教化之本者曾子固之宜黄學記其尤也襲其說則爲陳言將明先聖之道與德所謂乾坤之容日月之光不可繪畫也諸生曰雖然是役也起於　撫齋父師張公而生等佐之不匝歲而工成公之蒞茲土也政簡刑清士和民悅先生所親見也英邑儒學自明迄今凡四遷矣

斯建之學邑庠生劉早所定其相度形勢合古修否余曰書有卜宅營洛詩有相陰陽觀流泉周官辨方正位載籍可稽自後世溺于風水以求多福習是術者遂分離乖隔而不通是學也來脉正而不偏朝案平而不欹藏風得水經營完善矣諸生誠由此而深其德造則學校之興正子固所云始于起居飲食之節而其究極乎修身爲天下國家之大務成其材以待世用可也抑知先聖之道與德即是而在形家之說姑存而不論焉若夫　張公振興文教而士民樂之與諸生之踴躍赴公尤余所亟稱而不輟者不獨

是役爲然也乃不辭而爲之記其廟堂門廡東西兩廡之屋若干

大成至聖先師之主與從祀先賢　先儒之主已詳載邑志茲故不復贅云

英山縣志　卷之二十

人

邑侯陳公去思碑記康熙八年　闕名

夫澤足以及斯民之身而不足以得斯民之心其德無可思事足以利一時之衆而不可以垂一時之模其政無可紀惟我邑侯陳公其才其學固宜待詔金馬而但以甸宣司牧是公之驥足未伸而英之哀鴻有慶矣英以蕞爾邑僻處萬山中自流氛殘破而後穴居野處鵠立駢行而民不得養家無斷簡里之塾師而士不得教猶當邵侯申侯史侯以還望治愈切而善政愈無聞焉英之爲英也僅矣自公下車甘雨隨之憂勤之政方切而撫字之意入民已深不數月

閭仁聞遍於郊野彼曰寒谷回春此曰父母孔邇數
年以來正供之外無苛斂饑云薄矣笞杖之餘無苛
責刑益省焉至於勸農桑罷役作息訟獄郵災荒申
讀法之訓重學校之規其教養之善固歷歷可睹也
何幸以土瘠民貧之墟而得此化日光天之治也乎
且也英之所素苦者漕米不產於其地至期覓於兌
所價恒倍焉公力爲申詳而易紅爲白之請已允錄
選之典既嚴歲科之額亦減公屢詳學憲而益五爲
八之數已加就非一時萬世之利也歟況復加意作
新一舉而剏倫堂成再舉而義學建自今以始無

成人小子咸得以集而受治焉凡此皆政之可以垂奕世與德之足以得民心者何莫非公之大有造於斯也斯之人咸思召公之長留孰意寇君之難挽嗟乎公去矣而其德之浹於民心者不可忘也其政之垂於民之子若孫不可泯也倘後之撫英者覩其治推其行即此日之所以爲教爲養者擴而充之與公並美於千百世則公之所啓者無窮而民之思公者愈不能已矣於是爲之記以鑱諸石若其亦如南國之民睹甘棠而思召伯也乎

邑侯劉公釋漕累記

豐城邵縣沈惟芳邑貢生

英自明末殘毀煢煢孑遺藉以安全之者惟良有司是賴　興朝定鼎四十年來官斯土者凡幾更其間非無父母斯民治績茂異者然未有若我劉公之廉明慈惠勞心撫字弘作養崇禮教而士習端禁悍浮抑奔競而民風厚且也刑維減矣棘木之下無寃民賦從寛矣惟正之供無旁費以及補偏救弊法凡除苛罔不深中時宄仁心仁政更僕難數至漕糧一事英僻處山陬去水次獨遠其間買米幾何交兌幾何毎歲約費八百餘金經承觧戶盡皆破家蕩産我公

下車以來目擊時艱心惻殘黎因約紳衿耆老而誓之隍廟剔除一切諸弊竭己囊以獨任其勞不數日而糧務告竣其裨益於英又何如父老咸曰我公釐數百年之積弊於今日即億萬姓之戴澤自今始矣事屬殊恩宜垂永久俾後之人率而行之爰勒之石以誌典型於不朽云時康熙癸亥仲冬月

英邑均丁役碑記

鄭同旦　邑庠生

事有經久而無弊者每樂於因仍事有更張而永利者宜急爲變通英自明季兵燹以來招徠安堵甫見生聚戶口寂寥人丁希少守土者不能得理例設人役每苦乏人充應不得已而議照丁輪當一歲一更凡承役者類非諳練不免殘陳之憂而最重困者戶糧二役往往至於傾家蕩産逃徙流亡而莫可補救是英民徭差相沿之累歷數十年於茲矣邑侯李公由下車即集諸紳士耆老諮詢興革事宜實心釐剔百廢維新侯深以山陬僻壤第一擾害者莫甚役若

備仍蹈舊習不爲更張民困其蘇乎巫謀所以善全之術籌畫至當無如均丁一法論以五年更審每役册丁若干名每丁輸資若干數以贍本役本年口糧三里丁册的以五年編役爲率或有欺飾舊法作奸犯科者一經首發縣革另補不待五年期滿將輿情未愜飭行公議三里士民無不踴躍從事相慶幸從此糧者得專力於畎畝讀者獲卒業於詩書官無僉點之煩役免傾賠之憂公私稱便聞勸攤而民始獲有寧宇矣蓋科時丁費率皆棠指故胥役報撫不常小民失業者什居八九而且首尾秩然事

多叢脞動煩駁詰侯洞悉此弊盡革陋規毅然以大公無我之心行千年不弊之政德澤所被如出湯火而登衽席英民忍一日忘侯哉第恐時異事殊輕議更改爰特樹石縣門以垂永久則今日之變通正樂有後日之因仍矣是爲記

重修東嶽廟記

金天爵　邑庠

自古王者報功告成首隆岱宗之祀鄉邑之祀東嶽似非禮也然而東方者萬物之始東嶽爲羣嶽長以其神司萬物之循環終始故又隨地祀之不必秦觀英觀望見長安會稽乃據其勝也則祀之未始非禮也英麓金家鋪之有東嶽廟由來舊矣其地北連衡漳西通三楚南近灊太之區四方禱求者衆故其神視他地爲最靈雖生死廻輪及十王牛鬼蛇神之說儒者不道然先聖所云體物不遺非謂鬼神即具於人心乎但世遠年湮廟貌傾圮神所憑依幾不蔽風

雨夫土木之華金碧之飾巍巍煥煥者神之所重固
不在此而居頹壞之下既驚尾墜復駭榱摧人心實
有未安以故人之快重興者無異志也庚寅秋住持
僧渾浪以其事謀於余余爲度其地之方廣若干磚
木瓦石若干工若干食若干其爲費若干令其募衆
咸勷事不數月而聿觀厥成如聚腋爲裘合錦成章
功之順且易誠莫踰此僧復丐余言爲記余曰余何
能爲僧言抑余每見僧之有所求而人不之應者必
其自爲而托於爲神也不則其淫祠也必其始勤而
終怠也不則自居於邀而以誘之持梆聲佛之行鄉

也必其說之荒唐詭幻而多所不經也僧今者泰岱
察正直之靈[illegible]一感以人心自有之鬼神無[illegible]乎人
之鼓舞而衆助之以有成也夫始終萬物而爲[illegible][illegible]
其其神既靈其廟貌既肅則雖下邑窮山無異[illegible][illegible]
而[illegible]爽與所[illegible]不且與大小諸天門風雨而上必經五
千餘盤者巍然同峙於千古也哉是爲記

新建儒學記

傅有宣 [illegible]

英邑學宫之設肇自至元戊申知縣段朝立創建於縣治之西明興因之二百餘年時修時廢遷徙靡常大約皆故宫前後左右間也天啓癸亥改遷於北門外崇禎辛未復遷於城中縣治小北門規模未就旋遭寇燹蕩焉無存　國朝定鼎仍建於西是時　朝廷首重文教加意學宫而英僻處萬山孑遺無幾間有一二賢尹時或補葺不過就簡因陋從未有思深慮遠確然創千百年不拔之基者也新安吳先生之蒞司鐸於英諳陰陽術卜吉於鷄鳴山麓計費甚巨

忍而未發庚辰冬莆田林侯來守茲土下車之日謁
生晉謁增生傳有宣首以改建學宮請並舉吳師所
相地侯慨然許諾辛巳春謀改建之費除捐俸外以
廩生鄭同與金天爵程光浴爲募首遍募三里經始
於是歲之秋董其役者廩生傅有宗太學生馮時大
於是鳩工庀材衆技具舉日不下數百人晝則圖度
經營夜則持籌會計明年夏工成中爲正殿旁立東
西廡前爲戟門爲名宦鄉賢兩祠爲櫺星門爲泮池
周繚以垣後爲明倫堂西北爲啓聖祠孟秋中元甲
子恭迎至聖先師四配十哲諸先賢儒神主於新廟

一時神爰人悅衣冠濟濟地踞縣治之巔面瞰南山諸峰聳秀俯視溪水環帶一泓聚山川之靈秀於眉睫間於是而知事之成也雖曰天工豈非人力哉英之設學三百餘年矣狃乎故不能即乎新兹地也前之日荒烟蔓草樵夫牧豎上下徵逐一旦輝煌壯麗遂甲淮南微侯與師之力不至此夫英邑自前明天啓後仕籍不彰名望不著與兹地昔日之荒烟蔓草等倘翻然浡然棄故就新行見文章德業超越前人亦猶兹地之忽而改觀赫赫人耳目間也顧吾黨自力何如耳侯不求名竟未鐫石久將失傳爰是爲之

記侯姓林名弼莆田人壬子拔貢生時康熙甲申夏六月

新建學署記

傅有宣

古今論治者首重人材材學校爲人材所自出師長爲人材所由成二者興賢造士之本務也英邑學宮自遷建後將三十年矣荆梁趙侯近寧斯土益加修葺而又改泮池闢雲路學宮之輝宏壯麗較淮楚名郡無少絀獨師長公署迄無定所前明隆慶將學宮規模大備殿左爲儒學門堂寢室齋亭廳圃具極全美迨後兵燹之餘悉成灰燼　國朝以來師至皆僦屋而居嗟乎師尊則道崇今乃託人守下褻越孰甚焉尚云尊師而望士之有成耶金壇李先生振鐸於英

始則寄寓蕭寺後則問舍街衢患擁塞於學地而詩甑塵冷朝饔夕飧且不給丁未秋始以所得俸減膳爲學署計時舊學之正殿張侯前已改文昌閣閣後昔爲啓聖祠左爲明倫堂材木朽敗僅存楹棟與斷瓦頹垣耳師鳩工庀材重加創造改建學署雖不及他邑之美輪美奐亦足以蔽風雨免悉索且爲後來者托足也宣於講業之暇問亦登堂擬爲文以記之師曰是烏足記余曰昔尼山師弟樹下可以習禮陋巷可以卜居飾圈能自崇其道者也今而後以吟以詠杖履優游蔡來于執經問難亦與有寧宇矣事之

[illegible][illegible]人材者莫大於是功豈出趙侯下耶後之采錄者歷事屬華要知自公此舉始是爲記師名宜瑞金壇人康熙丙子副榜時雍正己酉季夏

義學田記

鄭元圭　邑貢生

荆梁趙公來涖英以古者興賢育才教學是務消稽英之所爲義學者則荒烟茂草闃其無人及索殘碑讀之不禁悵然曰有學無田學寖廢宜也君子固不謀食而許衡以治生爲先寒儒力不足以致師雖有美質何所取資修脯筆札之需可勿圖於久遠乎姑勿言學且先議田踰年捐俸置田七畝在城南二里曰徐家塝復置田一十九畝在城南十五里曰王家壠與大畈河接壤而凌雲義學即建於徐家塝之左側生來受業者亦若家之有塾賢父兄爲之敦請良

師誨了然得以從容講肄於其中也自有此田修[illegible]以耕之隙義以種之講學以耨之菑而秀秀而實[illegible]背田之菽粟正未有涯也是學中之士登龍門搏扶搖凌雲直上霖雨蒼生我公興學育才之意庶其有忍自非然者不知公之延師往於造就人才師之立教任於講明義利徒以學得所依田供所取足爲公士之助其負公之高義者不既多乎或曰學久固易曠田遠尤易侵柰何余曰此三田者公皆一一清其丈畝記之冊籍廣延人士以識其界一邑將共守焉且公淡泊明志治行彰顯四方聞之莫不慨然嚮風

擳循良奏最有時而去後至者踵其高義必當特之益嚴謀之益力況若經公户授指畫親炙而感戴者寧忍負公也哉公諱宗炅字麗天平越人康熙乙酉

經魁雍正七年五月

新建義學記

傅作楫 邑庠生

英邑義學頹敗久矣荆谿趙東陽先生丙午宰斯土首崇學校樂育人材闢雲路葺學宮置義田甫三載百廢俱興今年夏進諸生於明倫堂而語之曰菁莪棫樸作人雅化余愧弗逮然心竊向往之英之義學廢弛頹垣風雨不蔽且其地囂雜弗善也擇土啓宇余不辭身任其事而卜吉允臧爾諸生當共圖之諸生唯唯詢其處則縣東之溪南公已捐俸售地矣越次日偕諸生陟山降原相厥陰陽經營籌畫而義學之規模乃於是乎定地當偏而益妙境以靜而彌幽

且尋峰爭勝列壑競奇實鍾天地秀靈之氣方春夏時鳥啼花發木茂草榮至於秋冬風霜高潔水落石出四時之景無窮而居此者其所得當亦無窮也爰命工匠并手偕作四閱月告竣入其門櫺星昭然升其堂橑桷煥然循其墻繚繞矗然師生有舍庖廩有次崇閎壯麗遂成英邑之大觀維時人士咸謂鎮撫聿新他日生徒口講手畫揣摩有得擬巍科登甲第羣沐公賜於弗朽矣乃公殊不謂然曰余之期於英人士者非徒工鉛槧弋科名已也將與父言慈與子言孝與臣言忠處則正直剛克柔克出則有猷有為

有守以上副我　國家興賢之典於諸生實有厚望焉然則聆公之言尚其體公之志顧名思義觸類引伸以造就於無已勿爲訓詁辭章之學僅僅弋取科名庶不負公崇學校育人材之雅意也夫櫟不徵與程子光潤王子珽受命鳩工稔悉公德重矣深矣懼其久而弗彰也爰是爲之記時雍正已酉孟秋月既望

重修公署記　　　　程光濂　邑貢生

蓋聞利不百不變法功不十不易器故曰法古無過循禮無邪春秋用民力必書變古則譏之蓋二者皆守土所當慎未可輸輕輸重於其間矣英邑公署自前明迄今幾四百年中間敝而修缺而補者不一然未有移易而變置之者非獨改作勞民亦謂前人爲之必皆經營相度非不得已固未敢輕議動搖也故以余等耳目所逮　國家定鼎以來邑少大案囹圄獄空官有遷擢之榮民享無事之福雍正丙午黔陽趙公始移基改向自是而後案牘較紛長吏間或遷

左據陰陽家言審曲面勢不及原基且歷二十餘寒暑多傾頹湫隘不足以肅觀瞻亦一邑之累也乾隆癸酉署篆沔陽李公因紳士呈請議復原基公乃計費所需樂輸里甲不數日而辦於是庀材鳩工而以其事屬余自大門至三堂其間遊亭庫室掾曹班舍垣墉甬道莫不燦然一新復還舊觀始事十月廿三臘月晦告竣所云庶民攻之不日成之何以加焉夫事不關典要則將事者必不勇至公署所在乃一邑之利弊因之固不獨君子攸芋也我 朝富庶之家徧於海隅英縣 取爾咸樂與更新用昭玉鑾自今

政備刑清民安俗美土物豐[illegible]甲於天下[illegible]亦
更盛於昔是以民之樂爲益篤而[illegible][illegible][illegible][illegible]之旁也
是爲記

分建社倉記

馬世欽　邑增生

乾隆乙亥邑侯張公分建社倉於山溪坳之西偏命余董其役庀材鳩工五閱月而竣公復親履其地驗自厥成於時鄉父老皆忻喜私相謂積貯爲歲凶計顧何獨公計慮周詳乃爾公因集而言曰社倉之設原民命也蓋不饒則饑歲無所資不得蓋藏之地與善藏之人積久則粟紅腐侵漁爲患國計又奚裨焉今分建茲地擇殷實老成人司其出入所貯漸贏遇荒歉即發貯賑貸此予之責亦諸百姓意也於戲分建之意美矣法良矣向立於大竹廟山民賴以甦者

已數十載茲復置山溪坳者益其地潤敞可闢以營建且居里甲之中支給甚便數定而收儲不勞盤查亦易爲廒三楹貯穀可數千石異日者蓄積充裕有備無患所謂水旱不能爲災者必於此乎得之昔朱文公知崇安夏受粟於倉冬加息計米以償隨年斂散小歉蠲息之半大饑盡蠲之雖遇凶年人不缺食公殆彷此制而大爲恢拓者與夫藏於府不若藏於民欲廣其藏則新置所藏之地以端責於藏之之人皆事之不可已者也余不獲董其成即不敢沒[illegible]之由與夫成之之實也爰爲之記

王公修關帝廟記　　程光濂 邑貢生

英之關廟向在西門正街地既褊狹歲月遷延漸次頹壞已巳夏邑侯王公瞻拜之餘揖諸生進之曰國家禮隆關聖春秋祀典與文廟並重英雖山僻素稱急公獨此因陋就簡幾成古寺荒涼毋亦守土者之責乎厥明偕諸生相度形勢見城北文昌宮之左地勢高廠慨然曰此武廟基也旁有劉將軍土廟三間亦就毀敗爰捐清俸命遷劉廟於西建關廟於北諸生聽若發蒙踴躍樂輸越三月廟成遷位致祭復奉劉將軍入西之武廟煥其棟宇新其題楣一舉兩

得關聖之神安而劉將軍之神亦安矣夫俗尚之淳澆人事之興廢視主持風化者爲轉移公下車甫數月興利除弊政簡刑清即此明作有功廟貌隆而靈氣聚以視侈淫祠圖觀美者相去曷啻什伯哉是役也余實首領其事鳩工庀材之下齋奠公之作新舊正鼓舞者神而人心之好善亦於茲可見一班也因濡筆而爲之記

英山縣志卷之二十三

知縣錢塘張　海重修

藝文三

序

題楊公政績序　明　宋之禎　六安進士

吾郡惟鷹山號巖邑蒸鬱鳴羊角形勢嵯峨其俗尚勁戾其胥役抒罔弄墨倚據社城至令有所不必行而課藁不能及額以故從前蒞此者覩若傳舍詰曰遴瑣丞者望若苦游憾無緣卸脫以去厥邑若斯之難也楊公受符慨然無難色謂天下不患有疲地

而患無治人久署條格一新百弊俱蠲外政修嚴也而陰以成寬隱衷任恩也而陽以肅教不期年而郵馬遞練兵農清包攬飭屬吏備膺庾洗滯冤裁陋規楚那借積種皆為百千世利其熱漏於蟻穴而剔蠹於蠶漁也見公之才其蠲好如火而執法如山也見公之識其瀰滌叔欵經心而撫字人人載德也見公之恢張其能為無米之炊而預濬欲涸之水也見公之神力政成人和薦剡滿牘臺使者曰枳棘非棲鳳之所擬調由陽而未果主爵者曰清華豈小割之器旋調繁遂得俞旨矣士民攀戀徘徊歌蔽芾而願寇

借者萬戶一聲余得之道路之口碑聞孝廉之稱頌無間言也因是而慨吏治之浸陵奚怪耶凡登仕版者濁則刻消以自潤清則緣飾以爲名於所厭薄之鄉常藐然有所不屑不屑則躁否則緊惟高賢大良不擇地而安安則百凡振刷不競不絿以從事公忘覽圓道襟度朗豁搜剔塵滯鎔鑄士民皆軗然原本於至誠誠則士樂於震啓而天光露民安於拊循而頑嚚格胥役黜奪於電霆而魑魅潛踪所謂精忠貫金石中孚化豚魚則公之謂矣嗟呼使諸邑令皆若公則瘝瘭無困氓使天下邑令皆若公則世路無丸

折蘐爾鷹山昔爲羊腸今夷易矣從此而鉢池磬石之間公直以湖中了之耳公成畫具在敬以此爲後

之師

向侯實政序

明布政使司 周廷光 新建人

循良傳始自漢史遂後世競仿焉意益欲與龔黃輩並不朽而不知古以實今以名矣古循功今效媚矣若然即佛廟勒石寧不為後人姍笑之資惟我向明府楚南漵陽人也其言議施為悉本於性凡有注厝惓惓於民其久遠而怨勞無避焉誠一時未有之懋勛世不朽之業雖更僕未易數也不欲為蕪詞以擬侯實政姑舉其最閎切於民者謹鐫之石以誌思云

一本縣土瘠民疲每苦於多主簿一員侯請之上憲准裁革錢糧減派三百有奇一快役走遞原派里甲

一名俟今革之歸於申復夫馬內不干里甲矣一額
有田程稻石昔係里甲富民易買俟今設處春夏積
銀秋積穀不干里甲矣一本縣無城俟相機度宜建
子城一所於治之內費雖不貲皆出之捐處英人實
嘉賴之一本縣原不行錢俟自捐俸買錢乘賑以濟
由此倡之錢法疏通矣一本縣科舉進減俟請之學
臺徐公復三名再請之撫臺田公轉請之學臺周公
又外加一名而人文近藉以復振一本縣泮池橋梁
門額凡不堪俟捐俸命匠結砌覺氣象巍峩而功
尚費序矣一每遇當年除僉解錢糧外餘糧聽折今

皆均解錢糧民免折銀矣一本縣原額二十五里消乏者每苦於催辦侯揀其單寒者並爲一里庶多寡平而貧民其有瘳矣一本縣原無夫馬差舍至輒索之民間不勝其煩騷侯請之上編官馬十匹往來者得支行就道而畜騎者無叫囂之苦矣一英俗近刁訟輒假人命告累用是傾家者數數侯下車以恭每虛心推勘得其情反責逐之自是圖賴不聞而保全實多矣一徵收錢糧爲司牧者陽禁火耗而陰實倍之侯直一絲不染平等平收六載如一日英民咸尸祝焉一舊倉稻逋負甚多十載未完侯請其蠲貲逋

者樂輸且首捐已俸倡建義倉於預備之西庶儲積饒而英民藉以無恐矣

重修文昌閣序

邑教諭陸志默山陽人

英邑文昌閣舊址在縣治之西南相去二里許覽其山川形勢實爲一邑之砥柱乎來英司鐸數閱月矣嘗怪夫英之人士讀書而應科舉之選者艱於一第力農自食及工賈牧豎之徒多迫於饑寒議者謂文教之不宣以安之未遂邇數爲之而不知非也予觀夫一邑之中聚族而處者環縣治之左右人烟稀少不滿千家寥寥如村落而又無城郭以爲關鎖其尤甚者西南當水口扼要之區溪流奔赴長逝莫挽及今而不謀所以砥柱之方將山川之靈氣終散而不

復聚矣乎以是説詢之邑人僉曰吾邑之盛也其在有明之中葉乎自萬曆辛亥年於水口迴瀾處建閣凌霄巋然獨峙供奉文昌帝君以爲一邑之仰瞻下刘眞武殿三楹爲遊人憩息之所閣成之明年壬子榜發捷一言地靈人傑確乎不爽其鐫之石碑者至今班班可考也當是時城中烟火萬家道路輻輳士多醇朴之習民鮮詐僞之行官斯土者增秩高遷而縉紳仕宦亦復冠蓋相望宛然一名都上國也迨崇禎末兵燹狼籍此閣遂蕩爲邱墟故宫禾黍慨焉增嘆越今六十餘載生聚教訓歷年不少而風氣頹落

如故方之前日事事不堪回首雖然蕪沒不常亦此閣之興廢相去懸殊矣予曰盛衰者天也廢興者人也古之宣文教而開氣運之盛者莫如文昌帝凡都會郡邑有學宮之壯麗炳耀寰區必崇建文昌閣以贊助之是二者相爲輔主而不可以缺一者也況英之仰藉斯閣者匪獨文教振興實一邑之民物父安所藉以爲門戶關鍵者也[illegible]昔之可頌而可傳者業已彰彰如彼矣今值

聖朝崇儒右文海隅蒸蒸向化英雖彈丸僻壤禮陶樂淑仍然比戶可封英人士因吾說而力新之分衆大

之錙銖成一邑之巨觀聚千載之間氣收無窮之美
報吾知落成後田野之鷄犬桑麻宮墻之詩書羽籥
彬彬雅化克臻上理彼山川之効靈於往昔者數過
時可不旋踵而勃發於今玆矣是爲序時康熙己亥

傳

明邑侯高公傳　吳之騄

高侯在崙四川成都人也弱冠登賢書赴禮部試不得意授英山令甫下車釐剔奸弊愛民禮士嘗慕宓子賤之爲宰慨然曰十室之邑必有忠信英雖僻在萬山中獸無可師事友事者乎時有鄭生萬合者居石溪以明經齒德隱侯造其廬相見恨晚所有政事皆諮訪焉崇禎末流寇蔽荆楚而下將據英爲巢穴英故無城郭縣治雞鳴山之陽憑高則俯而瞰之史公可法開府皖江來相英土築城於縣北十里之章

家砦以屬高侯聚避難之民守之未幾賊數萬人英
界憚高侯得民不敢攻然瀰漫山谷民不得耕城中
食且盡父老子弟環泣於堂下强侯出城以免禍侯
正色曰吾守土之臣誓與城俱碎耳既賊衆壓城衆
復泣請曰事急矣不去懼及徒死無益侯曰吾寧死
於賊不死於法且史公屬我城義不可負史公及城
陷罵賊延頸受刃顏面如生賊退城砦焚燬爲墟而
侯前所交鄭生者匍匐尋侯死所斂其身首爲一處
具衣冠葬於城之北門外爲文祭奠哭之極哀是時
日落風慘空山無人暴骨横岡燐光點碧恍間山鬼

悲啼與哭聲相和按侯死時年三十餘耳余獨悲夫
史公之顛沛流離義不負國而高侯之不負史公與
鄭生之不負高侯有同美焉
聖朝五十年流民稍復舊業無能詳其事者幸鄭生之
子同且從余遊得其畧而紀之他年議名宦祠者必
將有取焉

疏引

募改建學宫疏文

邑令　林　弼　渭田　號俟菴

天地山川之氣必無一發而輒盡常有蘊奇蓄異遲之數千百年之後而乃獻其物華吐其光焰以效靈於承平昌明之世然其間氣運之轉移剥不極則不復遯不極則不壯將飛者翼伏將噬者爪縮故當兵燹流離人民凋落刼灰蕩然絶續一綫苟其地鍾之所不存則已若夫懷負抱璞遲久未發則天將興之必故抑之尺蠖之屈所以求伸潛於大聖人之憑依如水行地中無徃不得其安土者哉余承乏英邑入

其境見其山高水清亦奥亦曠以爲是必有異既而訪問風俗與邑中諸賢彥訂交或以儒雅相親或以氣誼相許師事友事未始無人獨是縣治荒凉不及一大都落無城郭宮室之美無金玉錦繡貨財之聚即先師廟堂規模粗具屢遷之後愈促故步於是賢延衆議無不以學宮舊址急宜改正爲請因謀之學博吳君乃吳君久屬意於此以爲將有來可耳及聞余言遂躍然而起挽余同至其地曰是間得其地矣未得向也其遷也因[illegible]今宜改用癸丁既又曰是間得地矣其得向矣然然後横塘繫役氣脉必須據横

嶇爲泮池升高五尺退後丙丈斯可快然而無憾矣登覩之則見高阜而平，衍排鷄峯爲翠屏俯平山爲玉几羣岫拱揖百川環繞宗廟之美百官之富無不具足恍如尼山聖人冕旒而王而七十子與三千之徒冠裳玉帛疏附後先等於江漢之朝宗四海之會同者美矣大矣因意小家閩海宦游澎湖臺灣閒與海波相上下嘗以不見三神山爲恨不意於深山窮谷之中庶幾遇之夫禮莫隆於尊師化莫先於學校竊嘗讀君子學道愛人之訓以爲上不負天子下不負所學舍尼山之性道文章他無所適從焉敬捐俸

以爲之倡率合其貲而新是圖尚賴邑中諸君子共成斯志以附於私淑諸人之列英之興也庸可量乎是爲疏

募修仰山廟引

邑令趙宗泉平[illegible]縣人

英北距城三十里有仰山廟祀東嶽聖帝於中歷年久遠不知建自何代誠古剎也丙午春余涖茲土而田糧之載於徵冊者所餘頗堪修葺自僧不守清規廢田逃遁而廟將圮矣余因踩勘之際親履其地漫漶剝落之狀不可勝言不與工另造煥然一新非所以妥聖靈仰神威也若住持不得其人而香烟仍為之湮絕抑何福田之不廣歟方今功令森嚴檢存廟祀淫祀者毀在典者修正守土司牧之責也東嶽為五嶽之首好生大德號與天齊世之仰之者在九州

不爲多在一方不爲少益有功於國家甚大縱不能如通都大邑美輪美奐而風雨侵蝕於鐘鼓瓦栖危瀆於佛像明知仰食於神而自見棄於神善良君子得勿惻然念乎茲爲廟寺踩田七十石可奉一瓣香覓爲合邑公剎不第鄉保土人得而守之十方檀那共得而守之亦欲傳無盡燈之微忱也爰命僧人佛迷以爲住持並得手持此疏以助余清俸之所不及以此僧頗篤實老成可卜廟貌若善緣共勸功果不日觀成僧其依廟民其仰神在斯舉矣詩有之高山仰止余樂居首與士民共仰泰岱焉

募修西門橋引

吳之縣有持簿索余募疏者曰西門橋將圮於水願得君疏募衆貲而新之余固辭則又索之不已因作而嘆曰余之固辭也非謂橋爲可緩也往歲俞大中丞檄各學隨地方便宜余謂興之大政橋梁爲急緣英邈參山山盡出泉淫潦泛漲則徒涉傷人後格於異議事不果上未數月大水以無橋梁故傷人卒多不救不獨病涉又凡橋梁大半在水口水城不固則財聚易散逕福難久亦術家之屢驗者故闔邑之建橋則舊文昌閣基當水口之衝河東而狹可以爲橋此爲最

急而各鄉之宜橋而無橋者殆不可枚舉如西門橋其最小者一善士成之有餘焉用疏爲雖然民貧土瘠非盡儉嗇之謂也第念天理猶存人心猶古設有好善不倦者同心捐助使橋工不日可成而余僅以鄙瑣疏言得附於諸善士之末未始非幸也故强爲之辭以爲募橋者之發端焉

募修東嶽廟引

吳之騄

東嶽廟山爲英之第一勝境有懸崖激湍蒼藤古木蓊然鬱然晴雨風雪四時之景無不宜爰其神亦嘗示靈於人之夢寐籤卜故過之者無不生欽敬心獨門戶迎向無一合陰陽之理邇來或改旁門愈覺偏誕馴致僧儀乞食冷落香烟而偷覓因盡廟中之所有而取之不忌嘻亦太甚矣此豈有道之世其遲[illegible]神乎抑此邦之人所以事神者太畧頹廢之甚遂至於此也天下事廢之則竟廢興之則竟興廢興視乎人之情視乎人之志視乎人之誠而誠即爲神所憑

依人感之神應之則雨暘時若厲疾不降一切禦災召祥無不有賴於是焉余籍新安新安人不忘汪越國保障之功歲時蒸嘗所以崇奉之者甚備至我朝張督師入境夢越國語之曰此方皆吾保障汝能不殺吾當讓汝入關迄過嶺時瞻其廟貌悚然立誓不妄殺一人假令英於流寇入境之日有神告之如是賊雖兇悍敢輕肆其殘戮乎英當剥極而復之會今聖人之居已不啻天地定位矣仍於神祇舊址一加意而敬禮之則頻歲太平享安全亦何不可之有況所謂敬禮之者非徒祀也非演戲酬願之謂也非立

公呈

難後士民申請　　州聞可宗　邑覓　上

爲僻邑亙古大變難民慘[illegible]異常懇賜撫䘏急拯倒懸事英邑界處萬山死賊蹂躪八載於茲往存舊縣因無城郭屢經殘破崇禎十年蒙皖院史創立新城爲民獲有寧宇高知縣滋任捐俸[illegible]練兵守衛堵禦兩載屢獲奇功不意死賊自去年三月[illegible]一年有餘於今五月二十八夜三更時分乘[illegible]雨數百人掘東門突進大肆焚殺時守禦[illegible]星散典史顛統兵力戰寸受重傷高知縣同[illegible]守[illegible]

扎營西門與賊死戰不勝以致守將被擄知縣抗節
身亡一時殺死者男婦千有餘人燒燬者官民一朝
而盡士民逃奔於山原老稚轉於溝壑惟望賊去
苟延餘生豈意乘機土賊四起三鄉各立營目有花
馬南營新營之稱羣兇擁立帥主分大王二王老營
隊之號晝夜打擄千百成羣器械猶牛復剽掠以無
遺衣物稍饑復搜括之殆盡此情此苦比之流寇受
害更深又於六月太湖營[illegible]單差陳某到縣兇徒亡
命假名投賊播虐四鄉鼎[illegible]之百姓慘殺於流賊者
史劉於土賊則於投賊自崇禎八年以來未有如今

目之慘者也念田地蕪矣蝗螣遍矣已無復而感之想然廬址存焉墳墓在焉尚深切首邱之思英雖僻土俱屬王民百姓不忍去之他鄉上臺豈忍置之膜外懇憐異變速賜救援選才能署官兼行撫剿庶無王之衆勢不至於逃亡而羣起之蜂變不釀於合寇矣爲此激切痛哭具呈

英山縣志

請上臺賑恤

明　闕可宗

爲恩憐賜賑以救殘黎以全廢邑事竊惟八年連遭寇亂縣治久墟後蒙皖院史遷立草家皆堡稍集遺黎不幸去歲賊黨南營盤踞一載有餘牛種盡擄東作俱誤復於五月二十八夜襲破紫城殺死士民無算并殺知縣高在命擄守將吳斌致縣無印主上賊横行刦掠之慘十倍於寇又兼蝗旱交害顆粒無收疫癘爲殃人民半殁事情凋敝自沸苦於道阻難通上臺賑恤縱懇抑亦難長不及鄉兵悔而肆虐士庶無以聊生或久戍行或自削髮或乞丐他邑或

傭工遠方甚至殺人相食易子析骸之慘處處皆然又有拋吭自絕捨生就死之情人人欲溺遂俱壑[illegible]食之思已無復生還之想今幸新任縣令鄭加意招集百法撫摩但還土之民枵腹鳴腸無以延喘數月且春耕之際牛乏種缺何以自給秋冬欲軫民依亟求上恤思縣治無久廢之理則耕田納稅斷有藉於民生而難民無自全之謀則給牛發種實仰祈乎賑貸況時當耕作播種方興若復半月難延難活一方之命懇憐奇阨急救倒懸賑發粥食以延餘生且給牛種以圖秋穫庶假載有備遺黎得藉秋成之想而

〔乾隆〕英山縣志

稼穡可期幾至不爲荒廢之區矣具書上呈

請留賢令江公上揭

明　聞可宗

為懇恩久任賢良以甦民困以全廢邑事英自崇禎八年以來叠遭兵寇士庶逃亡百里并無人烟田地荒廢俱盡於十六年十月蒙督院馬委監紀通判邵某署篆一載招撫流移漸次開墾乃於去年八月陞授廬州府知府英民初聚如失所天幸蒙憲臺鈞委江某署篆復題請實授英山知縣本官自涖任以來一味清苦百法撫卹繼招流移千餘人給散牛種開墾荒田數千畝時勤勸課懼民無所趨避則修舊縣立寨堡不辭拮据之勞慮民內有奸漁則編保甲均

徭役以免斯凌之患官日與民習既歷久而就輕車
民漸與官安亦輸誠而願樂業四境咸歌召杜萬姓
共戴龔黄忽聞部選另除新令英民皇皇籲天無路
思此廢邑殘疆惟賴循良久任前令一載忽去已不
無怙恃之悲今令數月復遷何以堪離為之困況一
主屢易殘區凋敝難堪而棄舊迎新恐民驚皇莫定
敢匍匐冒死叩天保留念英民均屬王民英土非此
他土與其取此予彼使良吏再見勳猷何若留舊移
新俾難民無失父母懇祈俯順輿情垂念殘土改新
令別縣仍將江公加銜久任以竟蘇績庶流民永依

岐山縣志卷之二十四

知縣錢塘張　海重修

藝文四

賦

溫泉賦

傅有寬　邑庠生

岐惟秦關號封英土上注星分斗女地界翔揚多雲迤邐而東走羊角蜿蜒以南翔艮山巒峯坎繞文昌祠其下各有溫泉騰湧出於其旁極泉水之變態歷遊覽以徜徉其噴諸池也呼呼淪淪如沸如鼎恍爐中之柴[illegible]炭與釜底之積薪其潑諸淵也炎炎騰騰煥氣

上升如盛暑之酷烈與亢暘之蒸熱其注諸溪也迴
迴蹇蹇或近或遠引澗水以分泰調水性之冷煖上
則層巒疊嶂嵯峨峭壁碑銘苔綠松楸葉碧下則帶
水縈迴古橋狹窄平岡起伏繡壤絡繹旁有修竹蹊
林清風歌舞芳含草廬背塅指數中有怪石嶙峋可
坐可覘莊離水岸婆娑水澗時則春風和煖天日晴
明惠飄拂而倉庚識鳴嫩柳垂絲新桃鬭英彼都人
上綴步徐行祓除不祥綠歌水清衣裳楚楚笑語盈
盈溢際雲遐議論風生待其洗浴既罷日影邀緣身
歷氣爽意與悠然迎飛月含遠岫吹玉笛於露下聽

蚌鼓於屋前情發如飈身輕若儵聞麗譙之聲僅與始盡而言旋至於將當溽暑節届朱陽氣燦益烈求熱愈狂濯身難以指手浣衣易於成行鋪素練兮帷裳枝掛紅白條披元黃繡色錯接鋪麗成章機項褁乾於烈日步歸蘩候乎晚凉若乃蓐收整轡少昊司晨紫燕去鴻雁賓金風厲爽玉露凝嘹嶼點淡紅葉繽紛被秋色於陌上滌浮垢於池濱或上或下斕膩除煩寓目成趣即事多欣已而元律窮寒氣至嚴霜零瑞雪墜羕焦溪之不涸誇湯谷之獨暴沸濯涌飈堅冰不試衝寒得删携酒遊戲冷氣不生炎風避

値潑水沿灘陶然盡醉斯足畢與時之行樂而學士之所快意若夫朝霞燦燦浩氣橫山暮雲藹藹水光盈瀅望車馬之過從看飛鳥之往還雨則烟雲滿溪晴則爽氣盈關辭所不能盡惟領覽者神會於行間

龍潭賦并序

胡倖祿　邑庠生

余家欉溪而偶層巒外復有澗沿翠屏而西石曰嚨谷夠曰龍門嵪嶝巃嵸層層抱住忽從石岸下陡絕地瀾水轟衝如倒銀漢如走霹靂怒灑於其潭瀰之際不知其幾尋丈也中有龍因名龍潭四圍皆石圈如鑿成周遭百尺口東似瓶沫激交飛風濤激蕩聲而水精山鬼相出沒遊[illegible]險而嵐氣相回向要非以山水為性命者弗肯探矣至今夏旱欲雨數日前潭底雷聲殷然遠震余益信潭之得名有據而探山之勝境

無涯也惜乎險窄無稽人跡罕到以致名湮於
山澤事絶於什篇因不揣其固陋聊賦短章
夫何潺潺噴雪瀉瀉振天奔騰怒濤狂顛界兩
岫以直下倒百尺而横亘冷瞰谷之山色咽碧落之
嵐烟撼虛空於紛碎綰山色於蔣蒨況夫攀嶂蜒蜒
三門拱向飛鳥難傾而過似漁翁抱竿而神疑天
際之晴霞敞錦銘之響磨巫峽之倒流賽禹門之
躍浪余游長而出之嗤此龍潭也繫山根以穴海混
精而守珠春秋不紀徘歲月幾爲虛糜公非所好
許君未敢驅鳥自翔形於山麓酉時霖雨於江湖故

其蕩潏颯沛溝澮潦杞盤鬱鸂鶒交媚鰋鯉哺涎藴芷蔎萃楊柳掩其陰欃㰋葛助其鼓吹爾廼赤地塵飛青禾澼蒸霈靈液以潤淵攄神淵而噓雲震九泉以雷動驚百里而山鬧靈霰集兮乾坤黑滂沱驟兮鷗鷺萃蘅泊澎湃兮散暑氣於絪縕被川濟洲兮快森澍於耕耘若夫商總瀲灩滌氣猶鼻草迷沙白峯尖螺青山光中紫影射湖心至於風回怒嶺雪灑壁襟鷹摩谷而偷眼鼠跳石而如猜流乍落而聲細天慘淡而浹沉罔有抱蕙才人逃榮逸士攜松醪着茫廋湖淡灘披石黃路幽啡以險隘巖層疊而逃遯避

世途之澗瀾遵仙源而至止解纓盤桓傍石徙倚相顧愕愕莫敢俯瞰髮竪肌栗足酸心弛如鬭虎嘯復驚龍起嘆逝者之何涯羡一泓之無底狂哭阮籍之窮途清比莊周之秋水從此塵土胃腸霍然爲之一洗既而蔬林落照古岫暗傍霞霽遙天月上高墩與盡各相偕酒在不遑吞衣濺寒霏鎮日如覩瀑布人銜暮靄何能久戀挑源遙謝山靈之警覺徛巢飛鳥於高巒凛乎其氣可久留悠然其返夫龍門

多雲異井賦 以井谷幽深風雲應氣為韻

鄭士琇 甲戌歲試

瑞應甘泉祥開靈境符星宿以蟠騰滄海源而淵靜象含閶闔之珠光數叶崑崙之玉影吐青靄而貫蒼崖噴朱霞而冲碧嶺通九仞於沉淵滙百川以結景維名山之巍巍厥號多雲繫古蹟之神奇邈稱異井蓋其地產無雙天生使獨清偕珠露之飛揚皎若冉冉之可掬曉光千片白飛來霓采繞峯巒夜色萬層明湧出月華爛草木循乎節候判冬夏之溫涼相彼風光分春秋之澄澈洗淨塵氛之派勢緊桃源涯涵烟水之津依稀菊谷是以嵐蹤霧起翠自潭流招天

人以爲友結廳姑而作儔羊角䌷摩霄幾見虹騰冰而鷄鳴峯槩日何曾露瀼溪頭豈文子龍潭得擅名區秀靈即仙人獅石難趨此地清幽若大天光晴霽樹影陰森微漠漠忽沉沉連萬壑擁千林五色花舒而出岫千層翠欲而蛩岑施先春之甘澍沛大旱之時霖青響松濤倏訝風狂雨疾紅翻浪聲驚蛟吼龍吟登以呼之莫遁其消息俯而汲也孰測其淺深至於河中石黑崖上深紅香爐纖巧筆架非工過淵深於五字吞峻拔於九公遥瞻紫蓋仰對霄之霸鶴下臨黃土瞻漸陡之飛鴻秀分東淵魁波鉅浪東溪

絲水靈比南衡出雨不佯南岸清風況當縹緲且[illegible]繽紛英英兮若繪郁郁兮成文映烟光兮爛熳巖采兮氤氳紫滿函關之氣祥飄太極之氛稽司命於鬱林精華罕見徵洪涯于豫水光發稀聞斯誠神類雖邱既乘風而興霧奇兼少室亦嘘氣而成雲乃有逸與高騫孤悚超邁烏雲聳峙無斯變化文章積雪盈峯少此輝煌闐甚泉流山下知非滑坐諸流承擢澗中信是谷簾一泒噴寰瀛之脉聚羣竅皆鳴成大塊之息吹長歌忽噫所爲渟毒元精涵濡品彙化務矣而可餐靜泠然以無沸佳哉葱鬱原咏並有層樓

宛爾空明獨表雲蒸霞蔚翠屏山自合無須採瑪瑙之奇丹穴水常清不待品琉璃之味煥日星而光天德常昭宇宙之重華應川嶽而效地靈允協扶輿之

元氣

英山縣志卷之二十五

知縣錢塘張　海重修

藝文五

五言古

登九龍崖

明　夏　漗

陟彼龍崖巔龍山在深谷崔嵬白石翻邃迤清嵐續袖拂空翠凉路轉羊腸曲會此極勝遊縱我登臨目俯止天宇寬一笑超塵俗

旱既甚因請皖求蠲租暨賑救諸條欵復奉委勘英山事竣漫記

康熙十八年　知州王所善　陽城舉人

己未七八月斗野旱無雨惟六災更奇有苗穡且仆
山上白石焦山下川流涸十室九空矣俯仰何所措
三秋旱啼饑入冬那有袴市米湧如珠耕斗販似鶩
救死恐不瞻奚暇問正賦鄭俠圖難繪元結心倍痛
甦熟謝中丞垂憐而纏訴代小民言情詞發倉與庫
行行復行行爽霍始分隔界嶺旱起驚大光稍豁露
叱馭下層坂循巖穿谿樹瑲水響危[illegible]棧是簷溜注
極目山下田偪側無餘隙源泉通抛脈拮据爭車戽
灌溉什一耳誰家剩餘粒父老叩馬前款若啟上額
凶荒特未有丁彭多狼顧頓首[illegible]蟻來撫戚望煦嫗

縱橫淚盈把悲風滿太素温語相勸慰勉作饑飽度旦夕渙王居慎勿棄墳墓遍踏東南畝蹙額憂農務僻壤阻舟車謀生孰傭僱魃虐秋益甚大地紅爐鑄蟲蟲無了時何以蘇婦孺歸著速龐恩繕册續熒烓忽傳地震變臣心益滋懼

雪霽登雞鳴峯頂和前令高公任谿韻　　吳之驎

寰宇一清曠春風送餘閒遠岫明寒光晴溪響幽澗出門無所適乃見雞鳴山逶迤循仄徑絕頂窮躋攀勝從天地別秀拔吳楚間浩氣無阻抑虛空任往還披雲叫閶闔虎豹伺九關豈有神仙藥爲我駐朱顏

五嶽願未了何時遂疎頑

九日登雞峯下小山

秋光媚九日晨起欲何之眷言茲山秀造化鍾靈奇
褰裳陟其巔曠然慰所思羣峯紛兩列左右若奔馳
大川夾長虹漲流無復遺乃識聖人居郊有帶礪私
席草坐已久間花發幽姿逍遥塵世外獨步少追隨
即此已足樂下士莫相疑

遊縣北龍王寺　前人

寒風激溪流涉水復上嶺蒼松布巖列孤秀淡疏樹
前望多雲山迢遥與天邇層岡勢迴合古刹歷年深

山中有蟄龍湫潭疊空影時或作雲雨人間茂禾稼
禱祠合荆吳神力不可泯我生偶一遊少定烹山茗
誰布長者金象教兼龍井

尋瀉水崖瀑布　　前人

朝尋瀉水巖崎嶇度前嶺霧露不背收馬足沒禾穎
忽看白練垂噴沫玉龍醒幽壑自擅奇荒徑絕人影
千山盡搖動一壑混朝暝莫謂前路窮佇立發深省

諸生西郊餞別　　前人

伯樂善知馬一顧空其羣綱邏山中人玉石殊未分
我來竟二載閉戶讀皇墳相賞乃不孤蘭杜集芳芬

樽酒西郊外衡宴意殷殷擁爐不解東古誼高如雲
況復走遠郊白沙渺河濱贈言各努力吾道在斯文

七言古

九井　　宋　王安石

濟崖涉澗三十里高下犖确無人耕捫蘿挽蔦到山
頂仰見吹瀉何崢嶸餘聲投林欲風雨末勢捲土猶
溟涬飛蟲凌兢走獸慄霜雪夏落雷冬鳴野人往往
見神物鱗甲漠漠雲隨行我來立久無所得空數石
上菖蒲生中宮繫龍沉玉冊小吏磔狗澆銀瓶地形
偶爾藏險怪天意未必司陰晴山川在理有崩竭邱

賢臣左相盧盈誰能保此千世後天柱不折泉常涌

英山行美史登池在今封賊之臣史公一人而已　　明　劉城　貴池人

英布既封國都六此山得名千載獨高深綿亘盤曲多大藏劇盜小蚍蜉起自秦關古戰場漸逍汝穎徧攙槍制府尚方徒在篋元戎形灰但藏房二三貴臣不肯戰椎牛釃酒與賊燕乞得孫恩一紙書馳奏盧循背草面其實此舊都自若戲殺人頭醉酥酪數遊村市見不鮮笑向山巖差得樂幾年誰與賊爲讐誓中天討滌吳鉤生長幽并心是水往來行伍氣如秋橫草霜中無樸樕茹糲道上只乾餱病同士卒創常

吮義激偏裨手執桴飲冰不寢丹心苦擐甲忘家白
髮愁舊稱兵備梟使者至今開府節旄假從昔精鏐
鑄作身何將枕戈不宿野即如英山蒲豺虎白骨如
麻蒿爛腐横嘬飽臥罔敢攖河上翺翺誰適主惟公
勵志薄秋毫短衣匹馬齒齗齗引兵日黑猶酣戰剸
級籌林谷升堙豈無中軍率禁旅亦有節度號虎臣
何人犄角能同功背指懸忠强苦辛噫吁嘻司馬門
前求可呼六城堅小夜啼烏愛錢怕死兩不著辦賊
惟有史大夫嗚呼辦賊惟有史太夫

登石人山　潛山訓導胡美廷邑貢作

趙侯新闢雲路並建義學　令邢　訓導馬　撰

盛代昭文物，仁風褒秀良。何緣棲枳棘，偏得遘鸞凰。召父甘霖足，馮君惠澤長。而猶念追琢，可以成珪璋。建學開圖史，操觚盡激昂。設科三物重，敷教一琴張。舊有宮牆煥，諸生齊躋堅。砌雲芟茂草，闢路示周行。驅策驊騮出，吹噓鷹隼翔。作材須杞梓，在笥有衣裳。下邑文明炳，公門桃李香。延庭試一看，士氣已飛揚。

五言律

溫泉　邑令　趙宗昊　平越舉人

黍谷宜吹律，茲山藉雨泉。補天遺煉燮，浴日斷寒烟。

莫漫愁飢手須知坐煮鮮今年春倍暖並寬盡歡欣

英山道中　吳之騄

日出心同鏡風來體欲扶水田雲種玉晴樹葉垂珠
禾頴漸延綠榴花乍點朱幽禽如我友山徑漫相呼

又

小草逢春夏乘時幸託生但能依雨露焉敢競敷榮
徑仄心常坦山高氣亦平屏除身外物不使夢魂驚

羊角尖鶴跡　巡檢　魯文彬　蕭山

絕頂攀雙角相攜半入雲風來旋客袂月近望仙羣
跨鶴空留跡驅羊渾不聞明公自瀟灑翻愛此辛勤

英布墓　　前人

千載英豪骨春芳故故遮依棲惟客路部落幾人家楚漢都非矣江淮尚在耶陪遊陳一滴應悔昔驕奢

新建義學　　李修

爲愛山庄僻旋成一畝宮郊原沾雨化童冠坐春風敬業鷄聲鶴凌霄雲裏鴻作人歌壽考教養獲全功

同前　　傅作楫

山家吟嘯隔邇乃坐團團此地一爲聚高樓百尺竿調馴窻下鶴絃撥嶺頭鸞爲有洪厓煉都成九轉丹

過紫金禪林　　傅有宣

此地一爲別重來七載更感僧情故故憐我意盈盈
落月寒山色空庭脫葉聲座中詢往事回首不勝情

伽藍寺　　開學訓邑庠生

近午日初暖尋幽山徑微嶺前聞虎嘯溪外見僧歸
金像棲岩古高藤帶葉稀臂鷹牽犬客遙見血沾衣

指月庵　　胡華祝邑庠生

月上千峯寂禪心一指開幽光領不盡清夜坐常關
樹色森青靄鐘聲冷碧灣高僧誰作伴兩袖納雲閒

春登羊角尖用杜茶村金山韻　　金康琪人

峯起雙羊角勢如萬馬奔晴雲盤石出宿雨帶[illegible][illegible]

洞館猿猶嘯春深氣未溫山靈人意靜縹緲有誰論

二

一望山皆小悠然俯大荒天連春草碧風捲嶺雲黃野鶴名仙跡殘營古戰場舉頭看尺五獨立倚蒼茫

三

奇峯絶地起犄犄挿天生劈立分仙掌橫空斷雁聲靜含虛白瀏直上翠微平山色供圖畫無窮遠眺情

四

快此登臨意尋春放浩歌巑巖翻月窟石乳接天河寺破僧居少山深虎穴多虬松垂絶壁宛轉施藤蘿

五

崗突聳峰頂，仙盤江上流。孤鴻千載意，春樹萬家樓。
所向窈無際，臨深實可羞。好風來兩腋，吹散一天愁。

六

山鐘何處寺，天半一聲聞。吳嶺飛來合，楚江入望分。
披襟舒嘯傲，寄詠屬同羣。烏石雞鳴迹，部成下界雲。

遊文子山　　馬道澍　邑庠生

挹秀壯城南，參差曉日含。珠光融藹靄，劍氣透巉嵐。
路複頻疑誤，峰迴不厭貪。鳴鐘何處是，忽接小清庵。

二

乎攀絕頂處曲屈走虬龍古寺留荒徑山僧伴老松
文光漸已故烟景淡逾濃曾憶庭堅墓殘碑憾晚逢

三

是否皋陶墓空留冢草青雯翻低嶺畔翠靄挑山庭
得意堪忘倦怡神轉獨醒流連圖畫裏勝讀種魚經

四

最愛嘉名錫高吟響遏雲崖懸臨岸住瀨眺隔溪開
鳥送琴邊趣花餘座上芬誰堪持贈者滿日縱雲氛

七言律

玉虹泉

宋　何汝錫 舒州人

白尺雲巖佛閣前曉鐘疎葉思悠然岸邊酌酒和沾
露石上題詩惹翠烟半嶺泉鳴通古澗數峯秋淨隔
寒川西風似欲吹人起去逐騎驂汗漫仙

過英山　　明　陳　嵩　嘉定進士

一入英山指太湖恍疑身世在蓬壺奚流百折通江
漢雲樹千巖擁畫圖采得民風歸諫草收將景物付
奚奴萍蹤已半周寰宇那有長才賦兩都

英山道中　　明　王　邦

獨宿郵亭對燭紅此宵風味與誰同簷前影轉三更
月老樹聲搖半夜風别墅鷄鳴來枕畔迪山曙色壓

朦朧欲借潑僕扛行橐三五踈星尚在東

玉虹泉次韻　明　張明道　進士

玉虹飛下翠岩前便似廬山瀑布然無復危亭好徘
月谷遺斷磧浥輕烟泉聲自是鳴千古險語何常墜
彭川鼓缶再歌聊注目高風常憶子喬仙

九日登雞嶺　明邑令　郭郛　肥鄉進士

[illegible]已過遭此最中巍然不與衆山同地從南北分岐
[illegible]八向雲霄列寇萊杜甫有情懷宋玉黃花無賴倚
秋風何時了郡公家事三徑從容作醉翁

中淮南王墓　明　劉世光

君王帶礪起干戈應悔輕隨謁者何何處飛雲山吐納當年猛士塚嵯峨韓彭賴後勲名在英六行來感慨多盡爽祇今誰復見牛羊落日下前坡

鷄峯擁秀　　明　程永爵　邑庠生

逶迤自北聳奇峯巨鎮巖巖萬古雄百里盡收千嶂外滿城如在一壺中氤氳佳氣通雲漢蟠踞元形軋代崗別是人間真樂土更教何處問崆峒

潤塘秋水　　前人

半畝方塘號潤洲長天共色浸寒流樓臺波映千家鑑檻蚊烟騰一徑秋淡月疎星光上下靑紅綠樹影

沉浮由人時或閒來往幾度投竿起白鷗

温泉　　邑令　張顯選　新會舉人

城北城西兩得名一泓澄澈至今盈濕雲時度如蘭氣冬可人思百沸羨玉女不投殊惠澤楊妃曾浴出華清無魚肯受人閒譽也有温和達衆情

英布墓　　前人

千載茫茫鏁窮邱故老遥傳土一抔梟將本來臣事楚黥王終不受封劉前車已覆關菹醢後事憑誰收惆悵欲訪殘碑共斷梗蕭曹高塚在泰州

羊角尖　　前人

怪石崢嶸映碧空高懸千尺俯蒼峯觸雲已入黃平隊跨鶴還隨李老蹤誰傲豸冠誇折角要緣風勢絶携節紛紛詞客停車望回首山僧響暮鐘

鳥雲朱字　　趙宗炅

鳥雲隱隱横天路有字三行萬古珍亦篆依稀成鳥跡蟠螭彷彿辨秦文年經雨洗垂虹氣一任風翻帶夕曛除是仙人誰把筆鍾王顔柳總迷津

登九龍山　　吳之騄

方寸之間懷五嶽假君上駟助躋攀染成霜葉村村樹捲起秋雲處處山有路可能通帝座無心都合坐

樓閣蒼然吳楚都難辨木落天高雁未還

登仙人臺絕頂　　前人

一徑凌空據楚天仙臺高出紫雲巔海風吹夜濤千丈石屋餐霞壽萬年鸞鶴聞來如問訊虬龍偃臥似參禪紅塵白浪何時靜穩坐峯頭玉井蓮

羊角山鶴蹟　　鄭同旦　邑庠生

飛昇跨鶴昔仙翁異蹟長留石上紋指爪空痕千古月披紛不亂萬山雲洗開秋雨縱橫合照入殘霞深淺分一樂丹岩風起處依稀猶唳至今聞

同前　　金天爵　邑庠生

亂雲飛盡矯清空一角當天石作峯岐路安從進往
蹤扶搖於此溯高蹤壽仙惟見鸞孤鶴濟勝何須倚
短筇有約相携登絕頂寺懸碧落一聲鐘

仙人臺　　夏　燧　邑庠生

仙人縹緲白雲端瀰入峯頭十八盤烟氣空濛晴亦
雨泉聲幽咽暑猶寒岩臨險處難舒步洞到深時怯
整冠楚水吳山憑一望空明頓覺此心寬

同前　　彭正時　邑庠生

絕巘深松蹊徑盤旋就幽躡屐破莓苔巖頭瀑水沿溪
出入雲際險難攀來午磬幾移關上定殘香初熱佛

山坡藥爐茶白流連曉小亭階除數鶴回

登福嚴巖　傅有官

從容纔過路幾盤梵宮瀟立白雲端地分吳楚成名勝目極河山覽大觀怪石巉林疑虎豹蒼松層柏蔭龍鸞焚香靜聽談經後頓覺俄然指一彈

春日英山道中　黃自芳　蘄州廣濟人

春風晴霽雨滿開看翠嶂光青好山處處從二來詩家人在數峰間漫教詩思添愁興且識英雄想騎馬上桃花孚俊臉笑兒笑指行紅顏

英山道中　永州刺史鄧大謨

一行輿蓋入峽嶺出險升高復纔絕巘寒探青巖
歷亂峰殘雪白層層古廟老藤擁蘚石崩風翻嶺
胼冰二十年前憩譜熟此際風景費吾符
九江遺跡冷山邱雲物蒼蒼移樹過東瀑日臨明綠
帶斷橋沙磧與蘇舍鈎衣消綠渚尋閒鶴大自草花飛撤
腸斷白晝太平無事日鄉邨鬱鬱慨風流

英山八景

温泉春景　張遊

而蠻蠅蒼古城闕拋竹漸漸二錢湖經近陽鳥綠谷
後傳非阿六洞流來兩餘山郭人修褉花瀨林洗

之杯何事更吹鄒衍律四時和氣已潛回

鷄鳴效靈

何日鳴鷄遠報人青山名遂古今振諸玉縹緲薄無蹤歷胡蒼茫但有靡上界鐘聲千谷曉近城樹色萬家春年來宦跡飄流遍媿爾長為屏翰新

懸崖風雨

雨樓纔見斷虹霓又聽瀟瀟隔檻低楚樹雲深千村合暝天日落萬山迷空濛暝色迷孤邑點淡秋聲入遠溪但得和膏成稔歲拔犦戰筆日同躋

羊角嵯峨

舒思翛牧盡微能望見山光意倍增北接青霄從滅
滅東迎紫氣獨矜矜夕陽殘雨從朝暮秋草寒烟歷
廢興欲與初平齊叱起好隨五色共州乘

烏雲碟頭

危峰卓立倚蒼蒼俯日磨崖在緲茫八部龍文盤造
化三大鳥跡啟洪荒冀掃魍魎眞無地機動靈通自
有光我欲雙鉤搨萬本烏雲深處意空長

九峰晴巘

簇簇芙蓉拔地栽東南望氣寶作哉三吳雨盡輕陰
散六參天空積翠來樹影參差際睥睨烟光斷續映

樓臺風靡踪迹雙眸倦幸有青樽對酒開

仙人壁立

古壁凌虛跡到稀望中氣象信仙機千秋洞壑開黃落五夜星辰接翠微桃熟上池人已去月明華表鶴常歸策筇可許頻相憶手把芙蓉叩玉扉

麻姑仙踪 按神仙傳麻姑有二一係王方平之妹曾降蔡經家一係麻仙秋之女在黃州城北石橋飛昇

山谷晴開對夕曛麻姑消息舊傳聞一時幻跡隨青鳥千載遊心望白雲雨過幽蘭遺雜佩春來野蝶化仙裙如何寂寂桃源洞無復胡麻共我分

八景詩

温泉春景　　邑教諭　方超

冰谿寒谷挹春回好似天池沐日來芳草萋萋森四
野雲烟裊裊暘三塢氤氳淑氣湯能[illegible]殿[illegible]天泉水
自煖奇游山中修禊客休將[illegible][illegible]紫[illegible]綫

鷄鳴叙靈

開道天鷄向日啼何年山谷亦鳴鷄千秋挺峙鍾英
秀高漢凌空現紫霓曉徹五更遊嶠伏俯臨萬戶近
城低由來盤踞真雄峻總取詩人載筆題

懸岸風雨

江天望盡楚天連四面濃陰樹樹烟噫氣鼓吹幽谷響甘霖傾倒石巖穿嶔崎古壁洪濛裏錯落高峰霧露邊疑是蛟龍蟠造化祈羊好致祝豐年

羊角峨峨

遊覽奇山汗漫行幾回容易訪初平雙峯嶮屼遊塵世獨面崢嶸仰太清自具薪蒸寧遠取不需芻牧亦長生圖巒翔舞如能語歷劫滄桑久播名

烏雲硃蹟

大書炳煥勒高岡自是靈墟流衍長劍落莓苔留古跡斑斕料料映山光銀鈎難別烏龍體玉畫空傳赤

鳥道獨上危峯思苑委探奇此地即吳鄉

九峯晴嵐

東南簇擁秀諸峯形勝蜿蜒佳氣鍾燦爛朝暉螺黛

濕晴明夕照翠烟濃一楚山極目瀟湘遠吳地回眸霍

六八封頂霽雨過風定後天空杳靄淨芙蓉

仙人壁立

泰岱曾傳有丈人那知峭壁亦仙真學仰天際參求

露足蹤雲根迥絕塵孤鶴已飛華表在羣羊應化石

林衎飄飄忽起摩容思夢到三山閬苑春

麻姑仙跡

丰姿綽約白雲隈縹緲香烟似欲來玉簡曾留青鳥下金環遥賸蕊宮開高唐神女徒虛迹洛浦名姝亦幻哉爲問仙踪何處是仰瞻銀漢自昭回

温泉　鄭元昆

闢道驪山久著聲此山亦得占芳名水中有火温常在雪後無冰暖自生大塊獨噓陽氣盛扶輿應結地爐成臨流不泛胭脂色誰動池邊弔古情

乙亥陽月填齋張父師偕尉寅齋諸生登雞鳴山議修文廟恭咏以紀　鄭一坊邑庠生

今聞鳳翽并鷄鳴星斾春臨曉色晴多士步雲隨杖

廈列宮牆丹擬蓬瀛高山疊疊凌千仞流水悠悠繞一城卽此紫玉宮闕近期同闓闢勢崢嶸不擬絲竹入山鳴知異開遊太傅情岳峙態時開景象羽儀隨地煥文明雲中雙袖清風送天半三峰秀氣迎萬戶弦歌歸路滿冰衙靜處聽書聲

八景詩

温泉春景　　鄭一增　邑貢生

英峰八景首温泉三水惟東第一傳似火炎常煎地底無冰凍不解春前潑波沐浴人皆煖盡沿陽和氣獨全西北郊嫌多沸冽浣懷沭及此悠然

鷄鳴效靈

曾傳仙句咏鷄鳴天木星光照五更勝地仍留香火蹟譙樓今應鼓鐘聲乾坤秀氣因禪刹山水靈原結邑城試聽梧岡催曉露朝陽鳳早翔風清

懸岩風雨

百丈險巖翠落端蕭蕭頻訝振林巒饒來業瀰迷天陣忽作銀濤瀉地觀龍虎穴封山色老鶴猿巢撼樹聲寒搖茫面目難圖畫直待晴開一嘯看

羊角嵯峨

聳出群山百丈長雙峰如角觸天閶已傳丹石仙騎

鶴還訝金華客牧羊縹緲連鑣嵐瀲灩嵯峨對峙色
蒼蒼知分上下排空意半掛朝陽半夕陽

烏雲踪蹟

一峰千丈秀凌虛文筆當天插宛如巨石霞端開翠
煙仙人字蹟現川書風雷神護何能朽日月光分信
有餘古篆祗今人莫識無由得問子雲居

九峰晴嵐

山城秀氣地靈鍾蟠踞東郊峙九龍舞獻金鱗開夕
照如吞珠彩合丹峰興雲布煙凌霄上出雨猶宵望
雨農得列日鑾驂六御應符陽數化雷封

仙人壁立

蒸高雲漢聳仙人勢與鶴鳴咫尺觀披地直通天上界俯山如見洞中真嘯參縹緲遥遥迷峭壁青苔古亦新萬仞丹梯從此過世間何事羨劉晨

麻姑仙踪

是否仙踪世上無人傳過此有麻姑瓜垂猶見曾遊鳥來擲宜逢得似想何被天風吹去疾那歎今日採[illegible][illegible]盛朝不沒千秋覽下里應賡八景圖

九日登金華巖　杜甫律[illegible]　監

麻酒興何賒躋攀倚長松感歲華壯志未因秋色

上六[illegible]山[illegible][illegible][illegible][illegible][illegible][illegible][illegible]文[illegible]

烏米擲一任千風斜黄花冒雨迴遊子白雁飛霜寫
淋漓盡界放開千里潤應將茲地等能沙

英山八景　　杜與滋邑監生

春風撲面浴溫泉奕奕仙壁望儼然羊角蠶成山外
鶺鴒聲與出月中天丹書燦爛烏雲合嶺壁森騰夜
雨懸欲負麻姑與信息趣晴直踞九峰巔

宿興蓮菴　　前人

嵯峨初地類與遊古缽殘雲別有天花雨蒲團講說
法竹林半日我逃禪遊公社結千杯酒香積廚通三二
道泉欲向西來問大意鐘聲斜掛嶺頭烟

遊仙人臺　　方衍泌 邑廪生

超然仙蹟出凡塵臺上雲眠月作隣寶座石封藏豹穴香品水繞護龍津雙杉今古傳兄弟半壁精靈泣鬼神俯視楚岩天忽迸泠泠不羨御風頻

遊玉虹泉　　汪浙 邑庠生

懸流直落小橋前響楚分疆勢劃然字沒苔痕摹石刻人披草際拂雲烟晨鐘暮鼓遺空谷響徹千崖障大川我亦臨風頻弔古問他何處挾飛仙

蜿蜒遊春瀑水前跫音空谷喜躍然零星校正如椽筆補綴東光落紙烟岸石定殊新歲月雙靈應逐舊

山川一樽再奠先生酒風止雲迴憶謫仙

五言絶句

過英山　孫鼎

百曲入深山溪深恍桃水花裏見人家雲中隱仙子

其二

千山萬山雲飛泉照寒雪驄馬駐茅堂淸虛若仙客

其三

流深響成雷花發明如錦僮僕行悠悠並掬淸泉飲

其四

老樹若蟠龍溪石半蹲虎伊誰泛小舟傍花出前浦

避難鄰邑聞子規　　聞可宗

無斷三更月啼殘幾樹花聲聲歸去好何處是君家

七言絕句

英山道中　　明　戴珊

絕澗懸崖草木殷觀風俛仰到英山中秋萬里閑閑
月馬上何妨獨自看

萬峰晚鐘　　明　張朋道

嶺昏注目邀殘月路險尋溪聽晚鐘僧徑無人黄葉
滿蹇驢驚犬觸松風

湯泉　　明邑教諭簡宗儀　新喻舉人

何處青山好問津水温花暖自含春於今便是桃源路更説桃源有主人

送余函六旋里　明　主問一言　邑舉人

君今南去我猶北相覷依依嘆意結歸家若問我還期勒馬酉風吹落葉

八景詩

温泉春景　闕名

負翠峰頭曉日暉崖前波湧霧雲飛泉流咫尺分炎冷知有何人握化機

雞鳴效靈

何處尋芳預兆微一聲報曉洩元機始知千古興事數定先天不可違

懸崖風雨

千尺嶽崎人跡稀青峰頂上白雲飛從來風雨多靈感時有寒烟鎖翠微

烏雲殊蹟

一壑漫漫洞壑空鳥飛不到盡玲瓏就中消息渾難識丹篆年年映日紅

羊角嵯峨

一峰迴接一峰開石上藤蘿繞徑來跨鶴仙人何處

去空留遺蹟長蒼苔

仙人壁立

巍然高峙接雲端雨沐風梳紫氣漫靈異不因時代
改舉頭天際合同看

麻姑仙境

幽林一帶鳥空啼山自蒼蒼草自萋欲覓麻姑搔癢
處桃源不許外人棲

九龍夕照

屏巖叠嶂碧岧嶤最好龍山第一峯乘興不須歸徑
晚夕陽還照紫雲封

長春菴在鷄鳴山陰　吳之驎

三面遥山一面開，半林修竹幾株梅。毒龍暫借池塘水，日静人間有迅雷。

仙人臺　鄭元昆

晴巖陰壑白雲封，仙客曾留去後蹤。臺畔虬松千尺老，不知何日化蒼龍。

神峰山四時絶句　沈書岸邑庠生

山入烟蘿第幾重，花宫千載白雲封。春來雨露無深淺，茶展新旗鎗起龍。

夏木千章入翠微，爐烟潤逼濕雲霏。炎蒸不到枝梧

處衲子還穿十月衣

葉底西風白露傳楓林好處借秋看室無色相原無

定瓢樹蒼黃一夜丹

鳥路猿梯無處尋峯頭積雪淨禪心山僧遊客閒坐

骨冷入蒲團笑夜深

英山縣志卷之二十五終

英山縣志卷之二十

知縣錢塘張　海重修

雜紀　祥異　兵變

蓋聞堯湯有水旱之災高宗成王有雊雉風雷之異惟能嚮咎修省妖不勝德故堯湯無捐瘠之民而高宗成王卒致中興之美國祚之隆也夫人之行事美惡之極乃與天地相流通故洪範所傳休徵咎徵各以類應不可誣也春秋備書災異史志因之然無關一邑者固非志乘所紀矣兵戎寇盜無代無之若乃疆宇分裂草竊

盤踞民生其間備罹荼毒幸際太平之盛以恬以嬉幾忘帝力不知今所見爲山高而水長者皆昔之巖疆虎穴縱橫出没而莫可嚮邇者也略考前代並著於篇志雜紀

祥異

漢景帝二年衡山雨雹大者五寸深者二尺

中元年衡山原都雨雹大者尺八寸

南北朝梁元帝承聖元年蘄春晉熙廬江等處大饑死者什七八以晉熙逢爲北江州刺史招集之

唐武氏垂拱元年九月地生蒼白毛長尺餘淮南往往有之

宋度宗咸淳七年二月饑疫是歲淮浙江西皆饑命官賑濟

元武宗至大元年八月旱蝗饑疫江淮民采草根木皮爲食

明景帝景泰六年饑官勸義民出賑

孝宗弘治五年九月大雪至次年三月方止深丈餘中有如血者五寸山畜枕籍而死

武宗正德四年饑民食蕨多流移外境

五年霪雨橫流泛溢山石崩裂田疇覆壓房屋漂流人畜溺死甚衆

世宗嘉靖二年春夏旱秋霪雨禾稼盡傷朝命賑
濟兼勸義民出賑

七年八月大雨四日自午至未平地水丈餘是
月蝗虫北來落地只許食穀無遺

十一年秋虎入城民捕獲之蝗自北蔽天而來
食禾且盡

十二年十月八日丑時星落如雨

十七年夏大水傷田疇蛟起山石崩壓死者七
家

十九年夏蝗秋七月朔日食無光六畜驚走漸

晈晴如黑夜行人莫辨久之始復
二十四年大饑
神宗萬曆十二年二月初六日地震房屋盡折
十七年大饑死者盈野災連數千里
四十八年八月十三未申二時蛟水忽漲平地深七八丈刈禾積稻頃刻漂沒沿河田地崩頹沙壓遺沙糧數百頃莫民自是逃散
光宗泰昌元年秋九月朔日食無光星盡見冬大雪自冬徂春四閱月不止居民往來不通人音餓死者不知其數

莊烈帝崇禎十二年夏青虫食禾冬十二月除夕新城火發官民廬舍俱燬次年三月初三新城復大火

十三年夏大旱飛蝗蔽天草根樹皮俱盡飢死者屍盈道路

十四年春大饑疫三年之內旱蝗頻仍疫癘大作父食其子夫啗其妻每飢民在道息猶存而肌肉已盡又或行路遇操刀兇人健者逐不及得脫弱者即時斃刃下合境迯散百里無人煙

夏大旱蝗

雍正二年饑

三年大有年

四年旱三月不雨至五月

乾隆十年冬十一月大雪樹竹凍死甚多

十五年五月大水蛟起山石崩裂傷没田疇

兵變

周襄王十六年楚成王二十六年楚人滅英

九年晉悼公十七年春齊人徐人伐英氏齊爲徐伐英氏以報婁林之役

南北朝梁太宗大寶元年九月邵陵王綸奔齊昌

侯景兵變之屯於齊昌合蘄州任約道此經通編自江夏遂於武昌營巴水今巴河羲之

陳宣帝太建五年四月將軍吳明徹將兵擊齊取江北數郡自歷陽合肥臨江而至高齊齊昌英時爲齊昌地

十一年十二月周取陳江北地將江北之地盡沒於周英亦沒於周

五代周世宗顯德三年南唐秦元等取蘄州

五年南唐獻蘄州於周將淮南廬舒蘄黃四州來卜周主臨江擊破之盡獻於周

宋理宗端平三年十一月蒙古兵入蘄州戶盜不花入湖

西鄙飢光三州時民皆避西疆
和花谷三州人馬俱投避黃州
淳祐六年十二月蒙古寇京湖江淮之境[illegible]
大淮等擁兵淮南進至黃州
[illegible]等英受害立鷹山砦
度宗咸淳十年十二月元伯顏拔陽邏堡鄂州降
引兵東下次年恭宗德祐元年正月降人陳奕以元帥
[illegible]州月[illegible]降奕白[illegible]宗[illegible]平變
[illegible]州人[illegible]降[illegible]錢最[illegible]
至敗[illegible]已經手[illegible]
邑[illegible]土至今奕人[illegible]
之[illegible]奕
[illegible]者十之一
元順帝至正十一年徐壽輝倡亂於蘄水黃陂
兵二十年陳友諒弑其主壽輝自稱帝是州[illegible]

屬明太祖義兵後歸附後叛明亦以紅巾爲號犯

英山土人王玉聚討平之

明太祖洪武三年麻埠賊滿友文餘黨入英山火

官民廬舍殺死數百人千總備發率民兵往交

鋒等破於陶家坊

五年冬羅田賊王三十二劫英山搶燬三坊衆殺

嚮導近隣樂儒復率義士吳任仁等逐至黃岡

成化時妖之攜王三稱僞官余洋保湖解京師

孝宗弘治七年盜起英山夏鄉彭華擒之送京師

十年春圍[illegible]

李華追至得勝山擒獲之

十二年盜起主簿徐璋承檄築土城

穆宗隆慶三年海寇二十七人由江浦入六合趨霍山西過英山境霍人王闖祥兄弟子姪共者人追戰於羊角尖斬首五級生擒一人餘皆遁

神宗萬曆　年黃州賊劉汝國侵英山尋滅

莊烈帝崇禎八年正月三十日夜流賊破縣治擄殺擄掠僵屍盈野

十年四月流賊由英歷霍至潛七月復出潛太去湖廣

十一年十二年流賊不時掠英野

十三年三月流賊南營至英蹂北鄉石壁鋪西稜燦增賊老回回左金王治世王曹操革裏眼五營山藺黃英獲入潛太時各郡饑荒之食陽欲就撫遂賊方監軍楊卓然至即急撫之家挪新太故南營盤踞於英播毒甚烈

十四年五月五營賊叛二十八夜南營賊乘狂風驟雨襲破新城知縣尚在崙死之擄守將吳弑焚殺三日　六月土賊四起各立營目晝夜打擄殺人宦剝糧時貢生聞可宗避難鄉邑及歸家勤僕攀十餘人為賊設伏殺盡　九月繆總肆虐先屋遭擄擄二陂立閘絕法一家被盜九家讓送一刻焉盜九衆不速出示縣鈫正宮衆民從將出之賊良善被傷役戮驚忍英邑流逃縣關至見亡